N° 78.

RÈGLEMENT DU SERVICE DANS L'ARMÉE

DISCIPLINE

GÉNÉRALE

Volume mis à jour à la date du 4 octobre 1926.

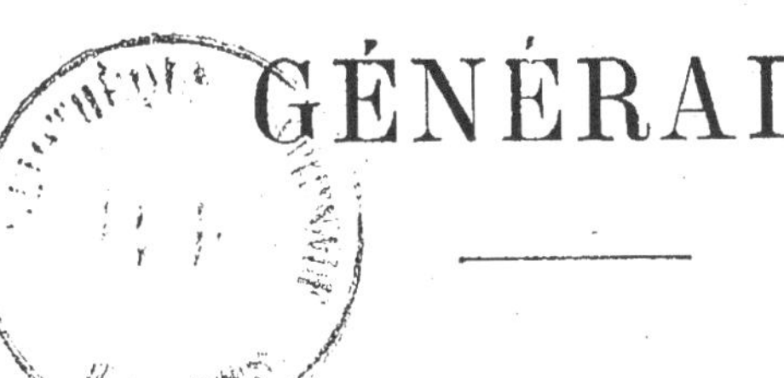

CHARLES-LAVAUZELLE & CIE

Éditeurs militaires

PARIS, Boulevard Saint-Germain, 124

LIMOGES, 62, Avenue Baudin | 53, Rue Stanislas, NANCY

1926

N° 78.

RÈGLEMENT DU SERVICE DANS L'ARMÉE

DISCIPLINE GÉNÉRALE

Volume mis à jour à la date du 4 octobre 1926.

CHARLES-LAVAUZELLE & CIE
Éditeurs militaires
PARIS, Boulevard Saint-Germain, 124
LIMOGES, 62, Avenue Baudin | 53, Rue Stanislas, NANCY
1926

RÈGLEMENT DU SERVICE DANS L'ARMÉE

DISCIPLINE GÉNÉRALE

Paris, le 23 mai 1924.

Rapport au Président de la République française.

— Monsieur le Président,

Les décrets portant règlement sur le service intérieur et sur le service de place ne répondent plus, dans leur forme actuelle, à la situation créée par la guerre.

1° *Le service intérieur* comporte actuellement trois règlements distincts, adaptés à chacune des trois armes : infanterie et génie, cavalerie, artillerie (et train des équipages). Cette disposition ne correspond plus à l'organisation nouvelle de l'armée qui comprend en outre des unités de chars de combat, des unités d'aéronautique, des formations automobiles et des troupes indigènes, celles-ci appelées à devenir une fraction importante de l'armée.

2° Le texte actuel du *Service de place* repose sur la notion de la place de guerre indépendante des armées. Cette notion a été affectée par les enseignements de la guerre, par suite de la mise en œuvre des moyens de combat moderne et des effectifs de nations entières mobilisées.

3° *Service intérieur* et *Service de place* doivent tenir compte des modifications profondes apportées dans les corps de troupe par le service militaire à court terme, ainsi que des conditions nouvelles de l'instruction de la troupe et des cadres. Ils doivent si possible être simplifiés.

Si l'on constate que le règlement sur le service de place est composé pour une part importante, à côté des dispositions relatives au service de défense des places, de toutes les prescriptions relatives au service des troupes *en garnison*, il semble indiqué de joindre ces dernières aux prescriptions ayant trait au service des troupes dans l'intérieur des corps.

En conséquence, j'ai décidé qu'il serait établi un règlement du service dans l'armée comportant trois parties :

a) Discipline générale;

b) Service dans l'intérieur des corps de troupe (distinct pour chaque arme);

c) Service de garnison.

Cette mesure écartera les chevauchements et les répétitions et réalisera une simplification des textes.

Il ne restera donc du texte actuel du service de place que les questions relatives aux places de guerre et à la défense, questions qui semblent relever bien plus des règlements sur l'emploi tactique des grandes unités et sur la conduite stratégique des opérations que d'un texte spécial.

En tout cas, la question pourra être momentanément différée jusqu'à décision à intervenir sur les conditions d'organisation et de défense des frontières qui ne reposent plus, à l'heure actuelle, que sur des textes législatifs périmés.

D'après ces considérations, la rédaction d'un règlement de service dans l'armée, destiné à se substituer au règlement sur le service intérieur et à une partie notable du règlement sur le service de place, a été confiée à une commission présidée par le général de Boissoudy, membre du Conseil supérieur de la guerre.

La première partie de ce règlement est prête.

Les modifications que doivent subir certaines prescriptions réglementaires pour leur application tant aux militaires de la disponibilité et des réserves qu'à ceux appartenant aux troupes indigènes, ont été incorporées dans le texte même des articles du règlement.

Il y a intérêt à mettre le plus tôt possible en service cette première partie du règlement.

Si vous approuvez les dispositions de ce nouveau règlement, j'ai l'honneur de vous prier, Monsieur le Président, de vouloir bien revêtir le présent décret de votre signature.

Veuillez agréer, Monsieur le Président, l'hommage de mon profond respect.

Le Ministre de la guerre et des pensions,
MAGINOT.

DÉCRET.

Le Président de la République française,

Sur le rapport du Ministre de la guerre et des pensions;

Vu les décrets du 25 août 1913 sur le service intérieur des corps de troupe et les décrets des diverses dates qui les ont modifiés,

Décrète :

RÈGLEMENT DU SERVICE DANS L'ARMÉE

Iʳᵉ PARTIE.

(Commune à toutes les armes et aux services.)

DISCIPLINE GÉNÉRALE.

TITRE Iᵉʳ.

Principes généraux.

Article 1ᵉʳ. — **Bases de la discipline.**

La discipline faisant la force principale des armées, il importe que tout supérieur obtienne de ses subordonnés une obéissance entière et une soumission de tous les instants, que les ordres soient exécutés littéralement, sans hésitation ni murmure;

l'autorité qui les donne en est responsable et la réclamation n'est permise à l'inférieur que lorsqu'il a obéi.

Si l'intérêt du service demande que la discipline soit ferme, il veut en même temps qu'elle soit paternelle. Toute rigueur qui n'est pas de nécessité, toute punition qui n'est pas déterminée par le règlement ou que ferait prononcer un sentiment autre que celui du devoir, tout acte, tout geste, tout propos outrageant d'un supérieur envers son subordonné, sont sévèrement interdits.

Les membres de la hiérarchie militaire, à quelque degré qu'ils y soient placés, doivent traiter leurs inférieurs avec bonté, être pour eux des guides bienveillants, leur porter tout l'intérêt et leur témoigner tous les égards dus à des compagnons d'armes qui assument avec eux la mission de faire observer les lois de la République et de sauvegarder l'indépendance et l'honneur de la patrie (1).

La discipline est d'autant plus facilement obtenue que les chefs ont pris plus d'ascendant sur leur troupe par l'exemple qu'ils lui donnent, la confiance qu'inspire leur caractère et l'affection que leur attire le souci constant des intérêts matériels et moraux de leurs subordonnés. Les chefs n'oublieront pas que jamais des ordres ne sont mieux exécutés que lorsque ceux qui les reçoivent en ont compris le but et la portée.

Les inférieurs doivent, même en dehors du service, déférence et respect à leurs supérieurs.

Article 2. — Règles générales de la subordination.

Le Président de la République dispose de la force armée.
Le Ministre de la guerre est le chef de l'armée.

La hiérarchie militaire comprend les grades ci-après :

Caporal ou brigadier;
Sous-officier;
Sous-lieutenant;
Lieutenant;
Capitaine;
Chef de bataillon ou d'escadrons;
Lieutenant-colonel;
Colonel;
Général de brigade;
Général de division.

---

(1) Décret du 27 novembre 1924, *Bulletin officiel*, page 3212.

Au sommet de la hiérarchie, sont placés les maréchaux de France (1).

Le grade de caporal (ou brigadier) comporte, en outre, l'emploi de caporal fourrier (ou brigadier fourrier).

Le grade de sous-officier comporte les emplois de sergent (ou maréchal des logis), de sergent fourrier (ou maréchal des logis fourrier), de sergent-major (ou maréchal des logis chef), d'adjudant et d'adjudant-chef.

Les officiers des services ont, dans leur hiérarchie propre, des grades de rang correspondant à ceux ci-dessus.

La subordination doit avoir lieu rigoureusement de grade à grade; l'exacte observation des règles qui la garantissent, en écartant l'arbitraire, doit maintenir chacun dans ses droits comme dans ses devoirs.

La subordination existe encore, à grade égal, à l'égard des officiers pourvus d'une lettre de commandement spéciale. Cette règle vise notamment les officiers exerçant un commandement par intérim, les généraux de division investis du commandement d'un corps d'armée ou d'une région, les généraux de division, membres du conseil supérieur de la guerre, chargés d'inspecter un ou plusieurs corps d'armée.

La discipline exige, à grade égal, la subordination à l'ancienneté, en tout ce qui concerne le service ou l'ordre public. A égalité d'ancienneté de grade, le droit au commandement est déterminé par l'ancienneté dans le grade inférieur; à égalité d'ancienneté dans le grade inférieur, par l'ancienneté dans le grade précédent et ainsi de suite.

Les droits au commandement des personnels officiers et sous-officiers de réserve, par rapport aux personnels officiers et sous-officiers de l'armée active correspondants sont définis ainsi qu'il suit :

1° Les officiers ou sous-officiers de réserve comptent comme « service actif » au point de vue du droit au commandement le temps effectif passé par eux en situation d'activité (présence sous les drapeaux pour une cause quelconque). Ce temps s'ajoute, pour ceux qui ont servi antérieurement avec leur grade dans l'armée active, à l'ancienneté qu'ils avaient au moment où ils ont quitté les drapeaux.

2° A ancienneté égale de service actif dans le grade, les offi-

____

(1) Le titre de maréchal de France est, en outre, une dignité dans l'Etat.

ciers ou sous-officiers de l'armée active ont le commandement
sur ceux des réserves.

Entre soldats, le commandement est exercé, selon l'arme, soit
par le plus ancien maître ouvrier, soit par le plus ancien soldat
de 1re classe, soit, à défaut, par le plus ancien soldat de 2e
classe.

Dans les troupes indigènes, les officiers, sous-officiers et hommes de troupe français, ou servant à titre français, ont toujours,
à grade égal, le commandement sur les officiers, les sous-officiers et hommes de troupe indigènes.

Les officiers étrangers peuvent exercer provisoirement le
commandement des détachements dans lesquels des troupes des
régiments français et des troupes des corps étrangers se trouvent réunies, mais seulement à raison de la supériorité de grade
et jamais d'après leur ancienneté, le commandement, à grade
égal, revenant toujours dans ce cas au plus ancien officier français de ce grade faisant partie du détachement. Quant au commandement par intérim des parties constituées des corps étrangers et au commandement provisoire des détachements uniquement composés de troupes de ces corps, tous les officiers en
faisant partie concourent, pour les exercer, à grade égal, d'après
leur classement d'ancienneté et sans distinction d'origine (1).

Les fonctionnaires de l'intendance, les médecins et les vétérinaires militaires, les officiers d'administration, les chefs de musique exercent leur autorité, dans leurs services respectifs, conformément aux règles spéciales de la subordination établies pour
le fonctionnement de chaque service.

En cas d'absence ou d'indisponibilité, tout supérieur est rem-
placé dans son commandement par celui de ses subordonnés qui
marche immédiatement après lui.

Tout militaire exerçant les fonctions d'un grade supérieur au
sien, se trouve investi, à l'égard de la troupe près de laquelle
il les remplit, des droits et des responsabilités des titulaires,
sauf les restrictions indiquées par les règlements.

Article 3. — **Méthode de commandement et action personnelle du chef dans l'éducation morale.**

L'exercice normal du commandement exige, de la part de tout
chef, la connaissance parfaite de ses devoirs et prérogatives.
Tout en se maintenant dans l'esprit des prescriptions réglemen-

---

(1) Nouvelle rédaction, décret du 14 avril 1926, *Bulletin officiel*, page 1151.

taires, le chef ne doit pas hésiter à prendre les initiatives et à accepter les responsabilités de son emploi. La pratique de l'initiative et l'habitude des responsabilités fortifient d'ailleurs le caractère, condition essentielle du commandement.

Tout militaire, momentanément éloigné de ses supérieurs et amené, dans un cas d'urgence, à prendre une initiative dépassant ses attributions, est tenu d'en rendre compte dans le plus bref délai possible. Il est, en effet, du devoir de chacun de ne pas empiéter, hors le cas de nécessité, sur les attributions de ses supérieurs, dont la responsabilité doit demeurer entière.

Le commandement se manifeste par des ordres.

Les ordres varient dans leur forme, suivant l'importance de l'unité à laquelle ils sont adressés; ils sont plus détaillés au fur et à mesure que l'on descend l'échelle hiérarchique. Le chef doit veiller d'une façon effective et constante à la stricte exécution de ses ordres; tolérer qu'un ordre ne soit pas exécuté, c'est consentir à une abdication; se mettre dans la nécessité de le rappeler, est l'aveu d'une faiblesse qui aboutit à la négation du commandement.

Responsable de tous les actes de la troupe qu'il a l'honneur de commander, le chef doit chercher à développer constamment l'éducation morale de ses subordonnés.

Exalter les notions de devoir et d'honneur; faire appel à l'intelligence et au cœur du soldat, pour lui démontrer la nécessité du dévouement au pays: inculquer à tous le goût du service; préparer chacun à supporter, sans défaillance, les sacrifices qu'exige la guerre, tel est le programme de cette éducation morale, l'une des plus hautes missions du chef; celle aussi qui lui procurera la plus noble satisfaction.

Après s'être imposé au respect et à la considération de ses subordonnés par l'exemple qu'il leur donnera en toute occasion, par sa valeur personnelle, par l'esprit de justice qui doit animer tous ses actes comme toutes ses décisions, le chef gagnera leur confiance, en s'intéressant aux détails de leur vie, en les écoutant avec bienveillance, chaque fois que les règles de la discipline ne s'y opposeront pas, en leur prouvant qu'après le bien du service, le bien de la troupe est le principal souci du commandement. Alors, il sera en mesure, ayant conquis le cœur de ses soldats, d'être leur éducateur, et il rendra au pays, après leur service actif accompli, des hommes non seulement instruits de leurs devoirs professionnels, mais encore pénétrés de la grandeur du rôle qu'ils ont à remplir dans les destinées de la patrie.

Article 4. — **Attributions d'ensemble des officiers généraux.**

L'action des officiers généraux en matière de service intérieur des corps de troupe est, avant tout, une action de contrôle.

Par des inspections, de préférence inopinées et ne devant jamais entraver l'instruction, ils s'assurent que les prescriptions réglementaires visant tous les détails du service sont régulièrement observées, qu'aux divers échelons, chacun conserve l'initiative et la responsabilité de son grade et de son emploi, que nul n'est distrait indûment de l'instruction et que le personnel employé, aussi bien à l'extérieur qu'à l'intérieur des corps, est réduit au minimum.

Au cours de leurs inspections et au moins une fois par an, les généraux sont tenus de recevoir individuellement tous les officiers qu'ils sont appelés à noter; ils reçoivent en même temps les militaires de tous grades ayant demandé à être entendus par eux.

Ayant pris connaissance des dossiers du personnel des officiers et conféré avec les chefs de corps, ils s'assurent de l'exactitude des appréciations émises, signalent à chacun des officiers qu'ils reçoivent les impressions qui se dégagent de ses notes, écoutent ses explications et lui donnent les conseils et encouragements qui peuvent être nécessaires. Ils rectifient les erreurs d'appréciation qu'ils pourraient relever, en exprimant, dans ce cas, à la suite des notes déjà données, leur manière de voir personnelle.

Les officiers généraux s'abstiennent de faire fournir par leurs subordonnés des pièces ou des états non prévus par les règlements et exigent que toutes les autorités sous leurs ordres observent cette même prescription.

TITRE II.

Cérémonial militaire. — Manifestations extérieures de la discipline.

CHAPITRE Ier.

CÉRÉMONIAL MILITAIRE.

Article 5. — **But.**

Le cérémonial militaire a pour but de donner le plus de solennité possible à certains événements de la vie militaire, dont il importe que le soldat saisisse la haute signification. Il affirme publiquement la discipline et l'éducation militaire de la troupe. Il contribue enfin à développer chez les supérieurs comme chez les subordonnés, en les rapprochant dans des circonstances déterminées, la confiance réciproque qui constitue l'une des forces morales de l'armée.

Article 6. — **Présentation au drapeau (ou à l'étendard).**

Dès que les recrues sont en état de figurer dans une prise d'armes, le colonel les présente solennellement au drapeau (ou à l'étendard) du régiment, au cours d'une revue passée en tenue de campagne.

Dans une courte allocution, il évoque les souvenirs glorieux du corps et fait appel aux sentiments élevés nécessaires au soldat pour l'accomplissement de son devoir en toutes circonstances. Il fait rendre les honneurs au drapeau (ou à l'étendard) devant lequel il fait ensuite défiler, à son commandement, tout le régiment. Après la cérémonie, les fourragères sont distribuées aux recrues.

Article 7. — **Réception des officiers devant leur troupe.**

Sont reçus devant l'unité qu'ils commandent et dès qu'ils prennent possession de leur commandement :

1° Le chef de corps par le général de brigade;

2° Les chefs de bataillon (ou d'escadron) par le chef de corps;

3° Les capitaines par le chef de bataillon (ou d'escadrons).

Le drapeau est présent pour la réception du chef de corps.

L'officier qui doit être reçu se place à la gauche de celui qui le reçoit; l'un et l'autre se mettent au port du sabre; ils font face à la troupe. Celui qui reçoit fait présenter les armes et ouvrir le ban; il prononce à haute voix la formule suivante :

« De par le Président de la République, vous reconnaîtrez pour votre (indiquer le grade) le (indiquer le grade et le nom) ici présent et vous lui obéirez en tout ce qu'il vous commandera pour le bien du service, l'exécution des règlements militaires et l'observation des lois. »

Les deux officiers se font face, se saluent du sabre, puis celui qui reçoit fait fermer le ban et reposer les armes.

Le chef de bataillon (ou d'escadrons) présente à l'unité dont ils font partie les lieutenants et les sous-lieutenants.

Article 8. — **Visites à l'intérieur d'un corps (ou d'un service).**

Les visites à l'intérieur d'un corps sont réglées comme suit .

Le chef de corps, lorsqu'il prend le commandement de son unité, reçoit la visite du corps des officiers; le chef de corps et les officiers prennent la grande tenue;

Tout officier, prenant ou quittant un commandement ou un service, se présente en tenue de ville au chef de corps et aux officiers sous les ordres directs desquels il est ou était placé;

Les officiers placés sous les ordres directs d'un officier qui arrive au corps, se présentent à lui;

Les officiers, rentrant au corps après une absence de plus de huit jours, se présentent, en tenue de travail, à leur chef de corps et à leur chef immédiat.

Si le corps de troupe est hors de sa garnison, la grande tenue et la tenue de ville ne sont pas prises pour les visites et les présentations.

Dans les trois mois qui suivent sa nomination à un nouveau grade, tout officier de réserve est tenu de se présenter en uniforme à son chef de corps et au général commandant la subdivision, si ces autorités militaires se trouvent dans le lieu de sa résidence. Dans le cas contraire, ces visites sont facultatives.

Les mêmes règles s'appliquent également aux visites à l'intérieur des services.

Article 9. — **Réception des militaires décorés de la Légion d'honneur.**

Tout militaire, décoré ou promu dans la Légion d'honneur, est reçu, au cours d'une prise d'armes, par un membre de la Légion d'honneur, d'un grade au moins égal dans l'ordre, délégué par le grand chancelier, et qui est obligatoirement officier général ou supérieur.

Les militaires sont reçus devant le corps dont ils font partie, par le chef de corps. Toutefois, lorsque la revue est passée par un officier général, c'est à lui qu'il appartient de procéder à la remise des insignes à tous les récipiendaires.

Les militaires sans troupe ou détachés de leur corps et ceux dont le chef de corps n'est pas qualifié pour remettre les insignes, sont reçus par le commandant d'armes ou son délégué.

Le cérémonial est ainsi réglé :

Au cours de la prise d'armes, le commandant des troupes fait sortir du rang, sans leur garde, les drapeaux et étendards et les fait placer devant le centre. Tous les légionnaires présents se groupent à pied derrière ces drapeaux et étendards, en avant desquels, à dix pas, se rangent les récipiendaires, en observant la hiérarchie des décorations à recevoir.

L'officier délégué pour procéder à la réception fait présenter les armes et ouvrir le ban, puis, faisant face aux nouveaux nommés ou promus, il adresse à chacun d'eux les paroles suivantes :

« Au nom du Président de la République, et en vertu des pouvoirs qui nous sont conférés, nous vous faisons (indiquer le grade dans l'ordre) de la Légion d'honneur. »

Il frappe ensuite le récipiendaire du plat de l'épée ou du sabre sur chaque épaule, lui attache la décoration et lui donne l'accolade. Il fait fermer le ban et reposer les armes. Les drapeaux et les anciens légionnaires rentrent dans le rang; le commandant des troupes fait défiler, l'arme sur l'épaule droite; pendant ce défilé, les nouveaux légionnaires se tiennent à quatre pas derrière lui.

Pour l'application des dispositions du présent article et du suivant aux militaires des réserves, en temps de paix, les commandants d'armes et les chefs de corps convoquent aux prises d'armes de l'armée active ceux de ces militaires qui sont en résidence dans leur garnison ou aux environs immédiats, et auxquels doit être effectuée la remise de décorations (Légion d'honneur, médaille militaire).

Article 10. — **Réception des militaires décorés de la médaille militaire.**

Les sous-officiers et hommes de troupe décorés de la médaille militaire sont reçus par leur chef de corps ou de détachement, devant le corps auquel ils appartiennent.

Au cours de la prise d'armes, le chef de corps fait venir, devant le centre, le drapeau (ou l'étendard) sans sa garde; tous les médaillés présents se groupent derrière le drapeau; les récipiendaires se placent à dix pas en avant. Après avoir fait mettre l'arme sur l'épaule et ouvrir le ban, le chef de corps adresse à chacun d'eux les paroles suivantes :

« Au nom du Président de la République, nous vous conférons la médaille militaire. »

Il leur attache ensuite la médaille sur la poitrine, fait fermer le ban et reposer les armes.

La troupe ne défile pas.

Article 11. — **Remise de médailles et récompenses diverses.**

Lorsqu'un militaire a obtenu la croix de guerre, une médaille commémorative de campagne, la médaille coloniale ou une médaille d'honneur destinée à récompenser un acte de courage ou de dévouement, cet insigne lui est remis, au cours d'une prise d'armes, par le colonel ou le chef de détachement. Pour la croix de guerre, lecture est faite de la citation qui a motivé cette distinction.

Les récompenses obtenues à la suite des concours réglementaires (tir, instruction physique, etc...) sont remises par le chef de corps ou de détachement; le cérémonial est réglé suivant les circonstances.

Les militaires isolés reçoivent, dans les mêmes conditions, leurs décorations et médailles du commandant d'armes, ou de son délégué dans les garnisons importantes.

<h3 style="text-align:center">Article 12. — Inscriptions aux ordres.</h3>

Les généraux et chefs de corps portent à la connaissance des troupes, par la voie des ordres :

1° Les promotions, décorations, inscriptions au tableau d'avancement et au tableau de concours pour la Légion d'honneur et la médaille militaire;

2° Les actions collectives ou individuelles qui méritent d'être rendues publiques à titre de récompense et d'exemple, les citations et les félicitations des généraux ou du chef de corps;

3° Les nominations à certains emplois spéciaux;

4° Les sanctions disciplinaires sur lesquelles il est bon d'appeler l'attention de tous.

Les ordres, toujours brefs, doivent se borner en principe à l'énonciation des faits; si quelques commentaires semblent utiles, ils sont rédigés avec la réserve nécessaire.

<h3 style="text-align:center">Article 13. — Revues et inspections.</h3>

L'officier général qui doit passer une revue ou une inspection en fixe l'emplacement et l'heure ainsi que la formation à prendre. A défaut d'indication de sa part, la troupe est placée par son chef dans l'ordre le plus favorable.

A l'arrivée du général, le chef de corps fait rendre les honneurs réglementaires, puis se porte vivement au-devant de lui, le salue du sabre et reste à portée de recevoir ses ordres. En l'accompagnant dans sa revue, il lui cède toujours le côté de la troupe.

Les dispositions de détail relatives aux revues et défilés des troupes de toutes armes font l'objet d'une instruction spéciale et d'annexes insérées à la suite des règlements de manœuvre particuliers à chaque arme.

Lorsqu'un général entre dans un quartier pour une inspection et qu'il a prévenu de son arrivée, le pavillon national est hissé et la musique, rassemblée près de l'entrée, joue l'hymne national.

Les inspections techniques passées par les fonctionnaires de l'intendance, par les médecins et vétérinaires directeurs de service, ainsi que par toute autre personne ayant une mission officielle, sont réglées, soit par les dispositions réglementaires en vigueur, soit par des instructions ministérielles.

A défaut, elles font l'objet d'ordres particuliers des officiers généraux qui les ont prescrites.

A l'égard des fonctionnaires du contrôle de l'Administration de l'armée, qui, comme délégués du Ministre, ont droit de procéder à toutes investigations d'ordre administratif, le commandement donne les instructions qui lui sont demandées par ces fonctionnaires en vue d'assurer l'exécution de leurs missions dans les conditions prévues par les lois et règlements en vigueur.

CHAPITRE II.

RÈGLES INDIVIDUELLES CONCERNANT LA CONDUITE, LA TENUE ET LES MARQUES EXTÉRIEURES DE RESPECT.

Article 14. — Considérations générales.

L'observation des règles individuelles relatives à la tenue et à la conduite est la manifestation extérieure de la discipline dans l'armée; elle s'impose aux militaires de tous grades, dans le service comme en dehors du service.

Ces règles individuelles précisent les devoirs des militaires envers le drapeau, symbole de la patrie, envers leurs chefs, envers leurs camarades et envers eux-mêmes. Elles sont la base de l'éducation militaire.

A tous les degrés de la hiérarchie, les chefs doivent donner l'exemple du respect de ces règles; ils les font observer en toutes circonstances par leurs inférieurs.

En ce qui concerne les questions politiques, les militaires doivent garder une neutralité absolue. Ils ne doivent, sous aucun prétexte, assister à des réunions de caractère politique.

Article 15. — **Devoirs des militaires envers le drapeau. Salut aux drapeaux et aux étendards.**

Les drapeaux et étendards des corps de troupe sont des emblèmes officiels de la patrie. A ce titre, ils ont droit aux honneurs spéciaux définis par les règlements (1) et, en outre, à des marques extérieures de respect particulières, de la part de tous les militaires.

Tout militaire isolé, dans quelque tenue qu'il soit, passant devant un de ces emblèmes, s'arrête, lui fait fâce, et le salue; s'il est armé du fusil (carabine ou mousqueton), il lui rend les honneurs en présentant l'arme; il reprend ensuite sa marche. Il agit de même s'il assiste, en simple spectateur, à une cérémonie au cours de laquelle les honneurs sont rendus au drapeau.

Article 16. — **Devoirs des militaires envers leurs chefs.**

Tout chef détenant de la loi l'autorité dont il est investi, l'obéissance qui lui est due par ses inférieurs n'est autre qu'un acte de soumission à la loi, expression de la volonté nationale.

Mais, si l'inférieur doit obéissance à ses chefs, il faut aussi qu'il ait en eux une confiance absolue. Il n'hésitera donc pas à leur demander conseil, même pour des questions d'ordre privé. Les chefs ont, de leur côté, le devoir de se montrer des guides bienveillants et obligeants.

Les articles qui suivent ont pour but d'indiquer de quelle manière le militaire manifeste à ses chefs le respect, la déférence et la confiance qui leur sont dus.

Article 17. — **Marques extérieures de respect.**

Tout militaire doit, en toute circonstance de temps et de lieu, en dehors du service comme dans le service, des marques extérieures de respect à ses supérieurs.

---

(1) 3° partie, chapitre relatif aux *Honneurs militaires*, dont sont extraites les dispositions suivantes :

« Lorsqu'une troupe passe devant le drapeau, ou lorsque le drapeau passe devant une troupe arrêtée, le chef de la troupe fait rendre les honneurs et salue.

« Il en est de même lorsqu'une troupe passe devant un monument érigé en l'honneur des morts pour la patrie. »

L'inférieur parle à son supérieur avec déférence, le supérieur s'adresse à l'inférieur avec correction; le tutoiement est interdit dans les relations officielles.

Lorsqu'un supérieur arrive devant une troupe placée sous ses ordres, l'officier ou le gradé qui commande cette troupe se porte au-devant de lui et lui rend compte de l'instruction donnée ou du travail exécuté.

Article 18. — Salut.

Le salut est la plus fréquente des marques extérieures de respect; son entière correction doit être strictement exigée.

Lorsqu'un militaire est *isolé*, c'est-à-dire lorsqu'il ne fait pas partie d'une troupe commandée et qu'il n'est pas sentinelle en faction, il se conforme, pour le salut, aux règles indiquées ci-après :

TABLEAU A. — *Formes diverses du salut dans les cas généraux.*

MILITAIRE ISOLÉ NON ARMÉ DU FUSIL (carabine ou mousqueton).	MILITAIRE ISOLÉ ARMÉ DU FUSIL (carabine ou mousqueton) qui doit être porté obligatoirement à la bretelle.	MILITAIRE ISOLÉ SE TROUVANT TÊTE NUE.
Porter la main droite ouverte au côté droit de la coiffure, la main dans le prolongement de l'avant-bras, les doigts étendus et joints, la paume en avant, le bras sensiblement horizontal et dans l'alignement des épaules.	Rectifier la position de l'arme à la bretelle en descendant la main qui embrasse la bretelle près de la crosse, pour maintenir l'arme verticale. En même temps, tourner franchement la tête du côté du supérieur en la redressant légèrement.	Tourner franchement la tête du côté du supérieur en la redressant légèrement et en plaçant les mains dans la position du soldat dans le rang.

Observations générales pour tous les cas.

a) Le salut doit être exécuté d'un geste décidé, en regardant bien la personne que l'on salue; lorsqu'il a terminé le salut, le militaire reprend l'attitude normale.

b) Tout militaire, croisant un supérieur, le salue quand il est à six pas et conserve l'attitude du salut jusqu'à ce qu'il l'ait dépassé; s'il marche dans le même sens que le supérieur, il le salue en arrivant à sa hauteur et conserve l'attitude du salut jusqu'à ce qu'il l'ait dépassé de deux pas.

c) Le salut, une fois échangé, ne se renouvelle pas dans une promenade ou autre lieu public.

TABLEAU B. — *Cas particuliers dans lesquels peut se trouver un militaire isolé ayant à saluer.*

SITUATION DU MILITAIRE.	CE QU'IL DOIT FAIRE.
1° Il est à cheval............	Il ralentit, s'il y a lieu, l'allure avant de saluer, puis salue de la main droite; s'il va dans le même sens que le supérieur, il lui demande l'autorisation de le dépasser, si ce dernier est à cheval.
2° Il est à bicyclette....... ..	Il ralentit l'allure avant de saluer, puis salue de la main droite, sans cesser de surveiller sa machine.
3° Il est dans un véhicule (hippo ou auto) qu'il ne conduit pas.	Il salue comme s'il était à pied; si le véhicule est arrêté, il se lève pour saluer.
4° Il conduit un véhicule (hippo ou auto).	Il salue en tournant franchement la tête du côté du supérieur, en la redressant légèrément.
5° Etant à pied ou à cheval, il conduit un cheval en main.	Il salue en tournant franchement la tête du côté du supérieur, en la redressant légèrement.
6° Il est, pour une cause quelconque, embarrassé des deux mains.	Il salue en tournant franchement la tête du côté du supérieur, en la redressant légèrement.
7° Il fume, porte un pli ou un paquet.	Il salue de la main droite, rendue libre, en prenant dans la main gauche cigarette, pli ou paquet.
8° Il est dans un escalier....	Il se range en cédant le côté de la rampe au supérieur et salue comme il est indiqué au tableau A (suivant le cas).
9° Il est dans un établissement public.	En entrant, avant de s'asseoir, il salue tout supérieur qui s'y trouve; en outre, quand un supérieur passe près de lui, il se lève et le salue.
10° Il rencontre une troupe...	Il salue le commandant de la troupe, ainsi que le drapeau, s'il marche avec la troupe, en se conformant, dans ce dernier cas, aux prescriptions de l'article 15.
11° Il assiste à une cérémonie au cours de laquelle on joue l'hymne national.	Il salue dans les conditions fixées au tableau A pendant toute la durée d'exécution de l'hymne national.

Le salut est dû à tout supérieur, officier ou sous-officier des armées de terre et de mer, par ses inférieurs.

L'inférieur prévient le supérieur en saluant le premier; le supérieur, quel que soit son grade, a pour devoir rigoureux de rendre le salut dans la forme réglementaire.

Officiers et gradés échangent le salut à grade égal (1). Toutefois, lorsque deux militaires de grade ou de rang égal sont placés par leurs fonctions dans la situation de supérieur à subordonné, le premier a droit au salut du second. Le salut est dû de même, à grade et à rang égal, aux militaires décorés de la Légion d'honneur ou de la médaille militaire, par ceux qui ne le sont pas.

Les gendarmes, douaniers et chasseurs forestiers ne doivent, en dehors de leur corps, le salut qu'aux officiers. Les droits des militaires de la gendarmerie, en matière de salut, sont déterminés par leurs insignes de grade.

Suivant leur grade, les militaires saluent les militaires des armées étrangères ou échangent le salut avec eux; toutefois, sur le territoire national, les officiers français feront preuve de courtoisie en n'hésitant pas à saluer les premiers les officiers étrangers en tenue.

Article 19. — Manière de se présenter à un supérieur.
Appellations.

Un militaire qui se présente à un supérieur pour lui faire une communication verbale, prend la position du « garde à vous », salue, et fait la communication dont il est chargé.

S'il a un pli à lui remettre, il opère de même, remet le pli de la main gauche et attend les ordres de son supérieur.

Sa mission terminée, il salue, fait demi-tour et se retire.

S'il porte le fusil autrement qu'à la bretelle, ou s'il a le sabre à la main, il rend les honneurs dûs à la personne à laquelle il s'adresse, puis repose l'arme.

Le porteur d'un pli ou d'une communication verbale répète toujours, avant son départ, les instructions ou ordres qui lui ont été donnés.

Un militaire, interpellé par un supérieur, se porte vivement à sa rencontre et se met à sa disposition.

---

(1) A grade égal, les militaires indigènes (nord-africains et coloniaux) saluent les premiers les militaires français.

Un militaire qui se présente chez un supérieur, salue, puis se découvre. Dans un échange de poignée de main, l'initiative vient toujours du plus élevé en grade.

Quand un militaire s'adresse à un autre militaire d'un grade ou d'un rang différent du sien, il observe les règles suivantes :

1° Militaire s'adressant à un supérieur :

Si ce supérieur est un général, un officier d'arme, un adjudant-chef ou un adjudant, l'inférieur l'appelle par son grade précédé du mot « mon ». Exception faite pour les lieutenants-colonels et les sous-lieutenants, qui sont respectivement appelés « mon colonel » et « mon lieutenant ».

Si ce supérieur est d'un grade ou emploi inférieur à celui d'adjudant, il l'appelle simplement par son grade ou emploi.

Si ce supérieur appartient à un corps ayant une hiérarchie spéciale, l'inférieur l'appelle par son grade précédé des mots : « Monsieur le..... ».

2° Militaire s'adressant à un inférieur :

Le supérieur appelle l'inférieur par son grade ou emploi en ajoutant le nom, s'il le juge à propos. S'il s'adresse à un inférieur appartenant aux corps ou services ayant une hiérarchie spéciale, il l'appelle également par son grade précédé des mots : « Monsieur le..... ».

3° Le Ministre de la guerre, les maréchaux de France, le grand chancelier de la Légion d'honneur, les gouverneurs militaires, les personnels n'ayant aucune assimilation avec les gradés de l'armée sont appelés par leur titre précédé des mots : « Monsieur le..... ».

4° Aucune appellation ne comporte l'énonciation de la classe du grade.

Suivant l'arme, la subdivision d'arme ou le service, les simples soldats sont interpellés par les mots : « soldat, chasseur, zouave, tirailleur, cavalier, canonnier, sapeur, etc.... », sans cependant aller jusqu'aux appellations par l'emploi tenu.

Article 20. — **Visite des officiers dans les locaux occupés par la troupe.**

Lorsqu'un officier, subalterne ou supérieur, autre que le chef de corps, entre dans un local occupé par la troupe, le gradé ou le soldat qui l'aperçoit le premier commande : « Fixe! » les soldats se lèvent, se découvrent, gardent le silence et l'im-

mobilité jusqu'à ce que l'officier soit sorti ou qu'il ait commandé :
« Repos! »

Quand le chef de corps (s'il est officier supérieur), ou un officier général entre dans une chambre, le commandement est :
« A vos rangs. Fixe! » Au commandement : « A vos rangs! » les soldats se portent au pied de leur lit. Au commandement :
« Fixe! » ils prennent l'attitude prescrite ci-dessus. Dans les locaux autres que les chambres, les soldats restent sur place.

Article 21. — **Correspondance militaire.**

La correspondance militaire doit être brève, claire et précise; les lettres sont rédigées dans une forme, déférente de la part de l'inférieur, correcte de la part du supérieur; elles ne comportent ni préambule, ni formule de politesse; les en-têtes de lettres, rapports et bordereaux sont établis conformément aux modèles n°^{s} 1, 2, 3 et 4.

Les officiers de réserve se conforment, pour leur correspondance de service militaire, aux prescriptions du présent article. Ils jouissent de la franchise postale pour la transmission de cette correspondance, qui doit être exclusivement militaire. La suscription de l'enveloppe qui la contient est libellée conformément à celle donnée au modèle n° 1.

Article 22. — **Devoirs des militaires envers eux-mêmes et leurs camarades.**

Tout militaire doit accepter courageusement les fatigues et les travaux du métier, qui lui sont imposés pour le préparer à remplir un jour utilement son devoir envers la patrie.

Le bon soldat se fait remarquer par son entrain et sa bonne humeur; ces qualités essentiellement françaises ont la vertu de faire paraître la tâche plus légère et de créer autour de celui qui les possède une atmosphère de sympathie dont il a le droit d'être fier.

Le soldat, plus que tout autre, parce qu'il vit en contact permanent avec des camarades, doit être propre, prendre soin de sa personne et de ses effets. Il doit avoir le respect absolu des objets appartenant à l'Etat. Se souvenant qu'il sera un jour appelé à fonder une famille, il se garde de tout ce qui pourrait nuire à sa santé, en particulier des maladies vénériennes et de l'ivresse qui conduit à l'alcoolisme.

Vis-à-vis de ses camarades, il se montre serviable, le dévouement mutuel étant la base de la vie commune. S'abstenant de toute brimade et de tout acte de brutalité envers les jeunes soldats, il les aide de ses conseils pour leur faciliter les débuts de la vie militaire et n'exige d'eux aucune rémunération, celle-ci étant contraire aux principes de la bonne camaraderie. Il évite enfin avec soin tout propos qui pourrait blesser les convictions ou sentiments intimes de ceux qui vivent avec lui.

Article 23. — **Dignité professionnelle et esprit de corps.**

La haute mission incombant à l'armée impose à tous ceux qui ont l'honneur de porter l'uniforme une correction de tenue extérieure, une attitude, en toute occasion, ne permettant de donner prise ni à un soupçon, ni à une critique; tous les actes d'un militaire doivent s'inspirer de la haute conception qu'il a de sa dignité professionnelle; cette belle servitude est la rançon du respect qui l'entoure.

En outre, le militaire ne doit pas oublier que, sur son uniforme, se trouve inscrit le numéro d'un régiment, le sien, et que tout ce qu'il accomplit, en bien ou en mal, est mis au compte du corps dont il fait partie. Fier, à juste titre, de ce numéro parce que, mieux que d'autres, il connaît l'héroïsme de ceux qui l'ont porté dans le passé, et en particulier au cours de la Grande Guerre, il doit tout faire pour rester digne de ses anciens. L'esprit de corps, qui suscite en campagne les plus beaux actes de bravoure individuels et collectifs, doit, en temps de paix, être une source de saine émulation entre les régiments et, par suite, être soigneusement cultivé. C'est par esprit de corps que le soldat, livré à lui-même, évitera tout acte pouvant nuire à son régiment et s'attachera, au contraire, à en rehausser la réputation.

Article 24. — **Attitude des militaires à l'extérieur.**

A l'extérieur, les militaires doivent conserver une tenue et une attitude correctes et ne jamais se donner en spectacle; en ville, il leur est interdit de déboutonner leurs vêtements, de mettre les mains dans les poches, de lire en circulant et de fumer la pipe. Ils ne peuvent apporter aucune modification à la tenue réglementaire. Ils portent les cheveux courts, surtout par derrière, la moustache avec ou sans la mouche, mais couvrant toute la lèvre supérieure, ou la barbe entière; ils peuvent également être entièrement rasés.

Les militaires ne peuvent prendre part à des concours, à des courses ou à des réunions sportives, ni paraître, comme exécutants, dans des représentations, sans l'autorisation de leur chef de corps, qui en réfère, s'il y a lieu, à l'autorité compétente.

Il est interdit aux militaires de se livrer, en uniforme, au cours d'une permission, à des travaux d'une profession civile.

Tout homme de troupe (1), lorsqu'il est à l'extérieur, doit être porteur d'un extrait de son livret individuel (2) modèle n° 5, indiquant ses nom, prénoms, matricule, le numéro de son corps et de son unité; cette carte porte la signature du commandant de l'unité et le cachet du chef de corps, ainsi que le signalement du titulaire; elle doit pouvoir être présentée à toute demande d'un supérieur.

Les frais occasionnés par l'établissement de la carte d'identité sont supportés par la masse d'habillement (fonds commun) (3).

Article 25. — **Règles relatives au port des différentes tenues.**

La tenue doit être *uniforme* pour tous et *réglementaire;* elle est l'objet de la surveillance incessante du chef de corps, des officiers et des gradés, qui doivent eux-mêmes donner constamment l'exemple de la correction dans l'attitude et la tenue.

---

(1) Cette disposition n'est pas applicable aux hommes de troupe des réserves convoqués pour une période d'exercices.

(2) Modification, décret du 26 décembre 1925, *Bulletin officiel,* page 3750.

(3) 1° *Cas de perte de l'extrait de livret individuel.* — On s'inspirera, à cette occasion, des règles fixées, pour le cas de perte du livret individuel, par l'article 73 de l'instruction du 20 juin 1910 relative aux hommes de troupe de la disponibilité et des réserves (*Bulletin officiel,* édition méthodique, volume 71).

Lorsque les recherches effectuées seront restées infructueuses, il sera délivré à l'intéressé un nouvel extrait de livret individuel. Ce nouvel extrait portera, à sa partie supérieure, la mention « Duplicatum ».

Il sera gardé trace de cette remise dans les formes prévues audit article 73 pour le livret individuel.

Il appartiendra, en outre, aux chefs de corps, de prendre ou de proposer toutes sanctions disciplinaires dont l'enquête aura fait reconnaître la nécessité.

2° *Destination à donner à l'extrait à la libération.* — L'extrait de livret individuel devra, au moment de la libération, être remis à l'homme avec son livret individuel, et mention de cette remise sera portée sur le livret. (Circulaires du 6 mai 1925, page 1231, et du 13 janvier 1926, page 67).

Pour la troupe (adjudants-chefs et adjudants exceptés), les tenues sont au nombre de trois :

1° *La tenue de travail*, réglée par le commandant de l'unité ou l'officier qui commande le travail ou l'exercice, dans les limites des instructions générales données par le chef de corps ou le commandant d'armes.

2° *La tenue de ville*, qui comporte obligatoirement le ceinturon sans armes, placé par-dessus la capote, lorsque ce dernier effet est porté.

Le commandant d'armes règle, d'après les circonstances et la région :

a) La coiffure à prendre, casque ou bonnet de police, les scus-officiers rengagés étant autorisés à porter le képi;

b) Le port de la capote, du manteau ou de la pèlerine;

c) L'heure à laquelle est prise la tenue de ville.

La tenue de ville doit être particulièrement soignée; tous les vêtements de fantaisie, les chaînes de montre et les breloques apparentes sont interdits.

3° *La tenue campagne*, qui est définie par les instructions ministérielles.

La tenue des sous-officiers et hommes de troupe des réserves, convoqués en temps de paix pour une période d'exercices, se compose uniquement d'une *tenue de travail* convenable, qu'ils portent pendant toute la durée de la période.

Pour les officiers, les adjudants-chefs et les adjudants, la description et le port des différentes tenues sont fixés par des circulaires ministérielles spéciales. Ces tenues, comportant deux catégories d'effets d'habillement, sont au nombre de quatre :

1° *La tenue de travail*, portée pour le travail quotidien et le va-et-vient en ville occasionné par le travail;

2° *La tenue de ville*, portée pour la circulation quotidienne en ville, en dehors du travail et pour les réunions n'ayant pas le caractère de cérémonie;

3° *La grande tenue*, portée pour les réceptions et cérémonies officielles, ainsi que pour les réunions ayant un caractère de cérémonie;

4° *La tenue de campagne*, portée pour les revues et prises d'armes officielles, pour les services de garde, pour les manœuvres et en campagne.

Les officiers des réserves ne sont astreints à posséder qu'une seule tenue, *la tenue de campagne* (1), qu'ils portent, en toute circonstance, chaque fois qu'ils ont à revêtir le costume militaire.

Les officiers des armes et services sont autorisés à porter la tenue civile en dehors du service. Les commandants d'armes peuvent suspendre temporairement cette autorisation pour une partie ou la totalité des officiers de la garnison, lorsque les circonstances l'exigent; ils en rendent compte au général commandant la région.

Tous les adjudants-chefs et adjudants peuvent porter la tenue civile les dimanches et jours fériés, dans les mêmes conditions et sous les mêmes réserves que les officiers; même autorisation est accordée aux autres sous-officiers de carrière mariés; quant aux sous-officiers non désignés ci-dessus, ils ne peuvent revêtir la tenue civile qu'à titre exceptionnel, et sur une autorisation spéciale accordée par le chef de corps, en vue d'un but déterminé (réunion sportive, excursions, permissions, etc.).

En mission, en permission et en congé, les officiers, sous-officiers et hommes de troupe, s'ils portent la tenue militaire, se conforment, pour la tenue à porter, aux prescriptions en vigueur dans la garnison où ils se trouvent.

A l'étranger, les militaires ne peuvent porter l'uniforme qu'en cas de mission régulière, et en conformité des instructions ministérielles, ou, dans une cérémonie, après en avoir obtenu l'autorisation du représentant diplomatique de la France.

Le port de l'uniforme est obligatoire pour les officiers de réserve toutes les fois qu'ils assistent à des réunions ou exercices en vertu d'une convocation régulière, qu'ils sont appelés devant l'autorité militaire pour une raison de service, qu'ils sont admis à suivre les manœuvres, travaux ou conférences d'un corps de troupe ou qu'ils assistent aux exercices de l'école d'instruction à laquelle ils sont inscrits. Toutefois, l'autorité militaire peut autoriser, si elle le juge utile, les officiers à assister aux conférences en tenue civile.

En dehors de ces circonstances, ils sont admis à se présenter en uniforme à toutes les réunions, fêtes et cérémonies officielles

---

(1) Les officiers des réserves doivent porter la tenue du corps ou service dont il font partie. Ils ont la faculté de faire usage des autres effets que portent les officiers de leur grade dans l'armée active. Ils peuvent se constituer avec leurs effets, le képi de leur arme, le pantalon et les bottines, une *tenue de ville* (gants de peau fauves et barrettes de décorations) et une *grande tenue* (gants de peau blancs et insignes de décorations).

et non officielles, à condition de ne s'y livrer à aucune manifestation; il leur est interdit d'assister en tenue militaire à des réunions publiques ou privées ayant un caractère politique ou électoral.

En cas d'abus ou de tenue irrégulière, le commandant d'armes ou le général commandant la subdivision peuvent interdire aux officiers signalés le port de l'uniforme en dehors du service.

Il est interdit aux officiers de réserve suspendus de leurs fonctions de porter l'uniforme, excepté lorsqu'ils sont appelés à comparaître devant l'autorité militaire.

Il est également interdit aux officiers de réserve de se mettre en tenue dans l'exercice de toute profession (industrielle, commerciale, financière, libérale ou manuelle).

Il est formellement interdit aux officiers démissionnaires qui ne sont pas pourvus d'un emploi dans les réserves, à ceux réformés par mesure disciplinaire ou destitués, de porter un uniforme militaire.

Les hommes de la disponibilité et des réserves non présents sous les drapeaux ne peuvent, en principe, revêtir la tenue militaire ou un insigne militaire réglementaire.

Article 26. — Port des décorations.

Les décorations (sauf celles qui se portent régulièrement en sautoir) sont fixées sur le côté gauche de la poitrine, le haut du ruban à hauteur du deuxième bouton, dans l'ordre suivant, allant du milieu du corps vers l'extérieur :

Légion d'honneur;

Médaille militaire;

Croix de guerre;

Médaille de la victoire;

Décorations des ordres coloniaux;

Médailles commémoratives;

Décorations universitaires;

Décorations du Mérite agricole;

Médailles d'honneur conférées par le gouvernement;

Décorations étrangères (portées à la suite et à gauche des décorations françaises et sans ordre imposé).

Les insignes à l'effigie de la République doivent présenter la face sur laquelle se trouve cette effigie.

Les insignes de décorations françaises sont obligatoirement portés dans la grande tenue. Le port des décorations étrangères n'est obligatoire que dans les cérémonies où se trouvent des personnages étrangers, et pour les seules décorations de leur pays.

Dans les autres tenues, les insignes peuvent être remplacés par des barrettes rectangulaires aux couleurs des rubans, de même largeur qu'eux et dont la hauteur n'excède pas un centimètre.

La fourragère, qui est un insigne, n'est portée que dans la tenue de ville les dimanches et fêtes, et dans la tenue de campagne; les officiers, les adjudants-chefs et les adjudants la portent, en outre, dans la grande tenue. Les jeunes soldats ne reçoivent la fourragère qu'après la cérémonie de leur présentation au drapeau.

Toutes les nominations ou promotions soit dans la Légion d'honneur, soit dans les ordres étrangers, ainsi que les diverses distinctions honorifiques dont les officiers de réserve peuvent être l'objet, à tout autre titre que celui du Département de la guerre, doivent être exactement portées par eux à la connaissance de leur chef de corps ou de service, qui les signale au Ministre.

Article 27. — **Devoirs des militaires envers les autorités civiles en uniforme** (1).

Les autorités civiles en uniforme, qui ont droit au salut des militaires jusqu'au grade de colonel inclus, sont :

Le préfet, le sous-préfet, le secrétaire général de la préfecture.

Le préfet, en uniforme, a droit au salut des officiers généraux, mais doit le salut aux maréchaux de France.

Le sous-préfet et le secrétaire général en uniforme doivent le salut aux officiers généraux et aux maréchaux de France.

Article 28. — **Droit de publier des écrits pour les militaires et de faire des conférences publiques.**

Les officiers de l'armée active peuvent, sous leur responsabilité, publier des écrits signés par eux, avec mention de leur grade; il leur est toutefois interdit de faire suivre cette signature de l'indication des fonctions qu'ils exercent ou ont exercées, ainsi que de faire figurer cette indication dans le corps de l'écrit.

---

(1) Des instructions particulières fixent les conditions dans lesquelles les autorités civiles locales, dans nos possessions coloniales (gouverneurs généraux, gouverneurs, résidents supérieurs) reçoivent aux colonies le salut des militaires.

En ce qui concerne les écrits se rapportant à la guerre de 1914-1918, les auteurs militaires doivent, au préalable, avoir obtenu l'autorisation de les publier du Ministre de la guerre, auquel le manuscrit est adressé par la voie hiérarchique.

L'auteur d'un écrit est tenu d'en adresser, aussitôt la publication, un exemplaire à son chef de corps; un second exemplaire est adressé en même temps, par la voie hiérarchique, au Ministre (Cabinet; 2e Bureau).

Quelles que soient la nature ou la forme de l'écrit, le chef de corps a tout pouvoir d'appréciation et de sanction vis-à-vis de ceux de ses subordonnés dont il jugerait les écrits préjudiciables à la discipline. Quand une sanction disciplinaire est prononcée, le dossier est transmis hiérarchiquement au Ministre.

Les mêmes règles s'appliquent aux officiers de réserve, en ce qui concerne leurs écrits d'ordre militaire; c'est au général commandant la subdivision de région qu'ils doivent alors adresser les exemplaires ou les copies de ces écrits. S'ils accompagnent leur signature de la mention de leur grade, ils doivent y ajouter l'indication : de réserve ou en retraite. Dans leurs écrits qui ne sont pas d'ordre militaire, ils ne doivent pas faire état de leur qualité d'officier.

Les sous-officiers et hommes de troupe sous les drapeaux ne peuvent publier des écrits qu'après autorisation de leur chef de corps, et sous la réserve que ces écrits ne concernent ni les affaires politiques et religieuses, ni les puissances ou armées étrangères; ils ne doivent pas faire mention des fonctions spéciales qu'ils peuvent remplir ou avoir remplies au service. Après publication, ils adressent un exemplaire au Ministre.

Le droit de publier un nouvel écrit est suspendu pendant toute la durée des punitions disciplinaires encourues pour abus de ce droit.

Il est interdit aux militaires de tous grades d'introduire à l'intérieur des casernes des écrits, journaux ou publications quelconques, pouvant nuire à la discipline.

Les militaires ne peuvent être autorisés à faire des conférences publiques que si la conférence est organisée dans un but scientifique, d'enseignement ou d'assistance mutuelle et sous la réserve expresse que le conférencier ne fera aucune incursion dans le domaine politique ou religieux et ne se livrera à aucune appréciation de nature à éveiller les susceptibilités d'une puissance étrangère.

Les autorisations sont accordées, suivant les cas, soit par les autorités militaires compétentes, soit directement par le Ministre.

TITRE III.

Sanctions.

Article 29. — **But.**

Les sanctions ont pour but de renforcer les moyens que la discipline et l'éducation militaire donnent au chef pour agir sur ses subordonnés. Elles comprennent les récompenses et les punitions.

Les récompenses permettent au supérieur de témoigner sa satisfaction et de stimuler le zèle.

Les punitions redressent la conduite, combattent la négligence et répriment l'oubli du devoir.

CHAPITRE Ier.

RÉCOMPENSES.

Article 30. — **Nature des récompenses.**

Les militaires sont, suivant leurs grades, récompensés de leur esprit de discipline, de leurs travaux et de l'ensemble de leurs services par :

1° Les félicitations verbales, les félicitations écrites, les citations à l'ordre;

2° Les permissions de toute nature, et en particulier celles que la loi permet d'accorder, en sus du taux légal, en faveur des militaires accomplissant leur service actif, pour reconnaître leur manière de servir;

3° Les nominations à la 1re classe;

4° Le certificat de bonne conduite.

Article 31. — **Félicitations et citations à l'ordre.**

Tout supérieur peut adresser des félicitations verbales; il en gradue l'expression suivant la valeur de l'acte qu'il entend récompenser.

Les chefs de corps et les officiers généraux, pour les troupes placées sous leurs ordres, accordent des félicitations écrites et des citations à l'ordre; ces récompenses ne sont décernées qu'avec mesure et toujours explicitement motivées; elles sont mises à l'ordre du régiment et inscrites au livret matricule; un exemplaire de l'ordre est remis à l'intéressé.

Les citations à l'ordre donnent droit, en faveur des militaires qui les obtiennent, à une permission en sus des permissions normales, dans les limites fixées pour les permissions supplémentaires dont dispose le chef de corps.

Article 32. — **Permissions faisant mutation et prolongations** (1).

Les permissions faisant mutation, c'est-à-dire de plus de vingt-quatre heures, sont accordées aux militaires dans les limites suivantes :

Officiers de carrière : quarante-cinq jours par an en principe.

Sous-officiers de carrière et hommes de troupe ayant accompli la durée légale du service : quarante-cinq jours par an en principe.

Militaires engagés, dans leurs dix-huit premiers mois de service, et militaires appelés accomplissant la durée légale du service : vingt-cinq jours pendant les dix-huit premiers mois de service. Cette limite peut être portée à trente-cinq jours, à titre de récompense, pour reconnaître la manière de servir.

Aux termes de la loi, ces permissions, même celles auxquelles ont droit les militaires du contingent, peuvent être réduites et même supprimées en cas de punition grave.

Les conditions dans lesquelles sont accordées les permissions faisant mutation et, le cas échéant, leurs prolongations, font l'objet de dispositions spéciales. Les principales de ces dispositions sont insérées aux annexes du présent règlement.

Il n'est accordé aucune permission aux militaires des réserves pendant la durée de leurs périodes d'exercices en dehors des dimanches et fêtes; les cas d'urgence dûment établis justifient seuls une exception à cette règle.

Article 33. — **Permissions dans la journée et après l'appel du soir.**

Les permissions ne faisant pas mutation, c'est-à-dire n'excédant pas vingt-quatre heures, ne comptent pas dans la durée totale des permissions pouvant être accordées aux militaires. Elles sont données dans les conditions fixées par le tableau ci-après :

---

(1) Voir page 62, annexe A, faisant suite à cet article.

NATURE des PERMISSIONS.	BÉNÉFICIAIRES	AUTORITÉS qui les ACCORDENT.	OBSERVATIONS.
Permissions de 24 h.	Officiers, sous-officiers, hommes de troupe.	Chef de corps, de service ou de détachement.	Le colonel peut déléguer aux commandants de bataillon, d'escadrons ou de groupe. le droit d'accorder des permissions do 24 heures, de la journée ou de la nuit.
Permissions de la journée..........	Officiers, sous-officiers, hommes de troupe.	Id.	
Permissions de la nuit..............	Sous-officiers et hommes de troupe.	Id.	
Permissions de théâtre ou de minuit...	Sous-officiers du contingent et hommes de troupe.	Commandant de l'unité.	
Permission de manquer à un exercice ou à un service....	Tous les militaires.	Commandant de l'unité ou de l'exercice ou chef de service	
Permission de manquer au repas du soir..............	Hommes de troupe.	Commandant de l'unité.	

Sont autorisés, à titre permanent, à rentrer après l'appel du soir :

A toute heure, les adjudants et les adjudants-chefs;

A 1 heure, les sous-officiers de carrière ainsi que ceux décorés de la Légion d'honneur ou titulaires de la médaille militaire;

A 23 heures, les autres sous-officiers et les hommes de troupe servant au delà de la durée légale.

Les sous-officiers et hommes de troupe des réserves qui séjournent, au cours de leurs périodes d'exercices, dans la ville où ils ont leur famille, peuvent être autorisés par le chef de corps à coucher à leur domicile pendant la durée de ce séjour; cette faveur leur est retirée s'ils encourent une punition.

Article 34. — **Nomination des soldats à la 1re classe.**

Les soldats de 2e classe ayant au moins quatre mois de service et qui se sont signalés par leur conduite et leur instruction militaire peuvent être, sur la proposition de leur commandant d'unité et l'avis de leur chef de bataillon (de groupe ou d'escadrons), nommés à la 1re classe par le colonel.

Les nominations à la 1re classe peuvent être faites à titre exceptionnel, avant quatre mois de service, pour récompenser un acte de courage ou de dévouement.

Article 35. — **Avancement.**

Le colonel nomme aux différents grades, depuis celui de caporal (ou brigadier) jusqu'à celui d'adjudant (sauf exception pour certains emplois spéciaux, ainsi que pour quelques armes, subdivisions d'armes ou services, dans lesquels les nominations font l'objet d'une réglementation spéciale).

Il fait des propositions pour l'avancement aux autres grades.

Il nomme aux différents emplois de sous-officiers et d'hommes de troupe.

Les promotions aux différents grades et emplois ne constituent pas, à proprement parler, des récompenses; elles doivent, avant tout, s'inspirer des conditions d'aptitude au commandement ou à l'emploi.

Article 36. — **Certificat de bonne conduite** (1).

Un certificat de bonne conduite est décerné par le chef de corps, au moment de leur libération, aux gradés et soldats de 1re classe, ainsi qu'aux soldats de 2e classe qui n'ont pas encouru de punitions supérieures à huit jours de prison régimentaire ou d'arrêts de rigueur.

La délivrance de ce certificat aux soldats de 2e classe ayant encouru une ou plusieurs punitions de prison régimentaire ou d'arrêts de rigueur, supérieures à huit jours, est soumise à la décision du général de brigade, qui statue sur le vu du procès-verbal de comparution de ces hommes devant le conseil de discipline régimentaire prévu à l'article 46; ce procès-verbal lui est adressé avec le livret matricule de l'homme et l'avis du colonel.

Le certificat de bonne conduite peut également être délivré aux militaires réformés définitivement ou temporairement, ayant au

______

(1) Modifié par décret du 28 août 1925, *Bulletin officiel*, page 2505.

moins six mois de service actif; dans ce cas, toute punition de prison régimentaire encourue par ces militaires n'ayant pas accompli la totalité du temps de service légal, entraîne leur comparution devant un conseil de discipline, avant la délivrance du certificat.

Conforme au modèle n° 6, il est établi sur papier résistant formant diplôme et, autant que possible, rehaussé d'illustrations rappelant les faits d'armes du régiment; il est signé du colonel.

Les militaires qui, après une interruption de services, contractent un rengagement, peuvent obtenir, à leur libération, un nouveau certificat dans les mêmes conditions que ci-dessus.

Il n'est jamais délivré de copie ou de duplicatum du certificat de bonne conduite.

CHAPITRE II.

PUNITIONS.

Article 37. — **Classification des fautes.**

Les actes rentrant dans les catégories ci-après sont réputés fautes et sont punis suivant leur gravité :

Manque de respect aux lois, aux autorités et aux supérieurs hiérarchiques.

Manifestation publique, sous quelque forme que ce soit, d'opinions pouvant porter préjudice aux intérêts du pays, compromettre la discipline ou créer des difficultés aux autorités.

Tentative de dissimulation d'identité en cas de faute ou pour se soustraire à la responsabilité de ses actes.

Divulgation de renseignements confidentiels.

Oubli de la dignité professionnelle, ivresse, rixe, brimades.

Infractions aux règlements militaires, aux consignes et aux ordres reçus.

Inertie, paresse, mauvaise volonté, négligence dans le service.

Inobservation des règlements de police.

Port irrégulier d'insignes militaires réglementaires.

En outre, chez tout supérieur, vis-à-vis d'un inférieur : acte de faiblesse, abus d'autorité, propos injurieux, injustice sciemment commise.

Certaines de ces fautes peuvent, dans les cas déterminés par le code de justice militaire, entraîner la comparution des militaires qui les commettent devant le conseil de guerre; elles comportent alors des sanctions pénales.

Article 38. — **Droit de punir et exercice de ce droit** (1).

Tout supérieur, quel que soit son grade ou son rang, et à quelque corps ou service qu'il appartienne, a le devoir strict de contribuer au maintien de la discipline générale, en relevant toute faute de ses inférieurs et en s'efforçant d'y mettre fin.

Dans ce but, tout officier ou sous-officier, ainsi que tout caporal (ou brigadier) rengagé, peut infliger directement les punitions prévues au présent règlement, si le militaire fautif est du même corps (ou service) que lui; il demande une sanction, si ce militaire appartient à un autre corps ou service (2).

Dans ce dernier cas, le supérieur qui a constaté la faute adresse obligatoirement à son chef de corps (ou de service) la demande de sanction, avec l'indication du motif. C'est à ce chef de corps (ou de service) qu'il appartient de la transmettre, soit directement, soit, s'il y a lieu, par l'intermédiaire du commandant d'armes, au chef de corps (ou de service) du militaire à punir. Le militaire en faute est alors puni par son propre chef de corps (ou de service); ce dernier informe l'autorité qui a demandé la sanction de la punition prononcée.

Les officiers généraux, ainsi que le commandant d'armes dans une place, ont le droit de punir directement tout inférieur pour

---

(1) Le présent article s'applique aux militaires indigènes nord-africains et indigènes coloniaux sous les réserves ci-après :

Les officiers, sous-officiers, ainsi que les caporaux (ou brigadiers) rengagés, indigènes nord-africains, exercent le droit de punir dans les mêmes conditions que les militaires français.

Les officiers, sous-officiers, ainsi que les caporaux (ou brigadiers) rengagés, indigènes coloniaux, ont le droit de punition directe sur les indigènes de leur corps (ou service); ils n'ont, en aucun cas, le droit de punir directement les militaires français et les indigènes d'une autre race.

Les militaires indigènes nord-africains et les militaires indigènes coloniaux sont soumis les uns vis-à-vis des autres, aux mêmes règles que celles qui régissent le droit de punir des militaires indigènes coloniaux entre eux.

(2) Lorsque, exceptionnellement, un officier des services se trouve placé sous les ordres d'un officier d'une arme du même grade, moins ancien que lui, ou d'un officier d'une arme d'un grade inférieur au sien, il ne peut être puni directement par lui pour une faute commise dans le service, ni le punir lui-même pour un manquement à la discipline générale. Dans les deux cas, il en est référé au chef commun des deux officiers.

une faute qu'ils ont constatée; ils en avisent le chef de corps (ou de service) auquel appartient le militaire puni; ils peuvent aussi laisser le soin de fixer la nature et le taux de la punition à infliger à ce chef de corps (ou de service), qui est alors tenu de leur rendre compte de la sanction prise.

Le droit de punir appartient aux divers officiers et sous-officiers dans les limites fixées par les articles 45 et 53 ci-après.

A l'intérieur des services, les officiers qui en font partie ont, en matière de punition, les droits des officiers dont ils ont la correspondance de grade. Les médecins et vétérinaires chefs de service des corps de troupe ont, suivant leur grade, à l'égard du personnel sous leurs ordres, les mêmes droits que le commandant ou le capitaine dans leur unité; s'ils sont aides-majors et chefs de service, ils ont les droits d'un capitaine dans son unité.

Le chef de détachement, s'il est officier supérieur, a les mêmes droits que le colonel, en matière de punition, sauf en ce qui concerne le renvoi des soldats de la 1re à la 2e classe, qui est réservé au seul chef de corps. S'il est officier subalterne, il a les mêmes pouvoirs que le commandant d'unité; s'il est sous-officier ou caporal (ou brigadier), il a les mêmes droits que le sous-lieutenant.

Tout militaire qui remplit momentanément une fonction possède, en matière de punition, et quel que soit son grade, les mêmes droits que le titulaire de cette fonction.

Lorsqu'un chef estime que ses droits en matière de punition ne lui permettent pas d'infliger une sanction suffisante, il prend les mesures nécessitées par l'intérêt de la discipline et du bon ordre et en adresse aussitôt le compte rendu à l'autorité dont il relève.

Dès qu'une punition est prononcée, le chef qui l'a infligée en notifie la nature sans retard à l'intéressé; le taux de la punition est indiqué ultérieurement.

Les punitions ne sont jamais notifiées en présence des inférieurs des militaires punis; elles peuvent être insérées aux ordres dans le cas prévu à l'article 12.

Article 39. — **Détermination des punitions.**

Le supérieur s'attache à prévenir les fautes; lorsqu'il est dans l'obligation de punir, il s'inspire des considérations suivantes :

Les punitions sont infligées avec justice et impartialité;

Tout en proportionnant la punition à la gravité de la faute

commise, le supérieur tient compte des antécédents du militaire puni, de sa conduite habituelle, de son caractère et du temps de service qu'il a accompli. La première punition ne doit être prononcée qu'avec circonspection, en raison de l'importance qu'elle prend aux yeux du soldat;

La gravité d'une faute varie suivant les circonstances qui l'entourent; une faute peut être réitérée, collective, commise dans le service, ou en présence de subordonnés. Ce sont autant d'éléments d'aggravation appelant une répression plus sévère;

En aucun cas, les fautes individuelles ne peuvent entraîner une répression collective.

Article 40. — **Modifications et suspensions de punitions. — Sursis.**

Le capitaine, le commandant, le chef de corps ou de service, les officiers généraux et les directeurs de services ont le devoir de s'assurer que les punitions infligées par leurs subordonnés sont proportionnées aux fautes commises. Ils peuvent les diminuer, les augmenter et les annuler, sous la réserve que toutes les punitions, même celles annulées, figurent sur la situation-rapport de l'unité.

Le chef de corps ou de service, ou tout chef hiérarchique supérieur (1), peut accorder le bénéfice du sursis pour toute punition prononcée par lui-même ou par ses subordonnés, lorsque la faute est commise par négligence légère, inconscience ou défaut d'instruction, et que le militaire se recommande par sa bonne conduite habituelle.

Il détermine le délai pendant lequel la punition est suspendue; si pendant ce délai le militaire, qui a bénéficié du sursis, n'encourt aucune autre punition, la punition initiale est annulée. Dans le cas contraire, elle devient définitive et s'ajoute à la nouvelle punition; toutes les deux sont alors inscrites et subies effectivement.

Le bénéfice du sursis ne peut être accordé qu'une seule fois.

Article 41. — **Punitions des hommes de troupe et des sous-officiers (2).**

Les punitions à infliger aux soldats sont :

La consigne au quartier;

La salle de police;

La prison régimentaire;

La cellule.

---

(1) Modifié par décret du 25 mars 1926, *Bulletin officiel*, page 918.
(2) Texte nouveau. Décret du 28 août 1925, *Bulletin officiel*, page 2505.

Les punitions à infliger aux caporaux (ou brigadiers) sont :

La consigne au quartier;

La salle de police, pour les non-rengagés;

La consigne avec avertissement du commandant, pour les rengagés;

La prison régimentaire.

Les punitions à infliger aux sous-officiers sont :

L'avertissement du capitaine;

Les arrêts simples;

Les arrêts de rigueur;

Les arrêts de rigueur avec réprimande du colonel.

En outre, la privation de sortie après l'appel du soir peut être infligée, en plus de la répression disciplinaire, à tous les hommes de troupe qui ont droit à cette sortie.

Certaines fautes particulièrement graves pourront, en outre de l'une des punitions prévues ci-dessus, entraîner les conséquences suivantes :

Pour les soldats :

Le renvoi de la 1re à la 2e classe;

L'envoi aux sections spéciales;

La révocation et l'admission d'office à la retraite proportionnelle, pour les commissionnés;

Pour les caporaux :

La cassation, pour les appelés, engagés ou rengagés;

La révocation et l'admission d'office à la retraite proportionnelle, pour les commissionnés;

Pour les sous-officiers :

La rétrogradation, pour les appelés, engagés ou rengagés;

La cassation, pour les appelés, engagés ou rengagés;

La révocation et l'admission d'office à la retraite proportionnelle, pour les commissionnés;

Le retrait d'un emploi spécial peut également être prononcé, à l'égard de tout employé ou spécialiste qui s'est montré indigne ou incapable de conserver son emploi.

Dans l'aéronautique, la radiation du personnel navigant et le retrait d'un emploi de spécialiste auquel sont attachés des avantages particuliers, peuvent être infligés aux sous-officiers, caporaux et hommes de troupe; ces sanctions sont prononcées par le Ministre.

Article 42. — **Mode d'exécution des punitions de consigne, salle de police, prison régimentaire, cellule.**

Les hommes de troupe punis de consigne continuent à faire leur service. A leurs moments de liberté, ils sont tenus de rester au quartier et de répondre aux appels des punis; ils sont employés aux corvées, les gradés étant, s'il y a lieu, utilisés comme chefs de corvée.

Les hommes de troupe punis de salle de police continuent aussi à faire leur service et prennent leurs repas dans leur unité, mais ils ne peuvent pénétrer ni dans les cantines, ni dans les coopé-ratives. Ils sont enfermés dans les locaux disciplinaires, après le repas du soir jusqu'au réveil, et, les jours de repos, pendant toute la journée, sauf aux heures des repas. Ils sont employés aux corvées dans les mêmes conditions que les consignés.

Les hommes de troupe punis de prison régimentaire ne font pas de service dans leur unité, sauf lorsque, exceptionnellement, le chef de corps en décide autrement. Ils participent, pendant trois heures le matin et trois heures le soir, à des exercices spéciaux, dans lesquels l'instruction leur est donnée, par les soins du service de semaine, dans les conditions fixées par le chef de corps. Ils sont en outre chargés des corvées les plus fatigantes. En dehors des exercices et des corvées, ils restent enfermés, autant que possible isolément.

Les caporaux (ou brigadiers) doivent toujours subir leurs punitions de salle de police et de prison régimentaire dans des locaux distincts de ceux des soldats.

Lorsqu'un homme de troupe est puni de prison régimentaire pour avoir manqué à son service, en se prétendant malade et pour n'avoir pas été reconnu tel par le médecin, l'exécution de la punition est différée pendant huit jours, si l'intérêt de la discipline le permet. Pendant ce délai, le militaire puni reste consigné au quartier.

La punition de cellule aggrave celle de prison régimentaire; elle est prononcée pour un nombre de jours déterminé, en remplacement d'un même nombre de jours de prison régimentaire; elle est subie par périodes successives de quatre jours au maximum, séparées par deux jours de prison régimentaire. Les soldats punis de cellule sont toujours isolés et restent constamment enfermés.

La solde des caporaux, brigadiers et soldats célibataires ou veufs sans enfants, punis de prison régimentaire ou de cellule, est retenue par l'unité et versée à l'ordinaire.

(1)...

---

(1) Alinéa abrogé par décret du 28 août 1926, *Bulletin officiel*, page 2311.

Lorsque la punition est levée en application des articles 40 et 57 du présent règlement ou que l'incarcération cesse à la suite d'un refus d'informer, d'un non-lieu ou d'un acquittement, la solde est restituée à l'intéressé sur décision du général commandant la région ou le corps d'armée (1).

A la prison régimentaire, le militaire reçoit la même nourriture que les hommes de son unité, mais avec de l'eau comme seule boisson, à l'exclusion de café, de vin et d'eau-de-vie; en cellule, il ne lui est distribué, chaque jour, outre le pain et l'eau de boisson, que deux soupes avec légumes et un seul plat de viande, ou une soupe et un plat de viande, tous deux avec légumes.

Les hommes de troupe enfermés dans les locaux disciplinaires ne peuvent avoir sur eux ni tabac, ni briquet, ni allumettes, ni aucun objet dont ils pourraient faire un usage dangereux, tant pour eux-mêmes que pour autrui; ils sont fouillés avant d'entrer dans les locaux disciplinaires.

Le couchage des hommes punis se compose :

A la salle de police, d'une paillasse et d'une couverture; à la prison régimentaire, d'une couverture seulement.

Chaque homme utilise sa propre couverture, qui est marquée à son nom et qu'il apporte de sa chambre, au moment où il commence sa punition.

Dans les circonstances exceptionnelles (rigueur du froid, détention prolongée par les formalités d'une instruction ou d'une enquête), le chef de corps ou de service peut apporter au régime de la prison régimentaire ou de la cellule les tempéraments qu'il juge utiles.

L'hygiène et l'état sanitaire des militaires enfermés dans les locaux disciplinaires doivent être l'objet d'une attention particulière; les mesures nécessaires sont prévues, notamment pour que ces hommes prennent chaque jour les soins de propreté indispensables et pour qu'ils puissent être secourus sans retard, en cas de maladie ou d'accident.

Article 43. — Avertissements, réprimande du colonel. — Arrêts.

Les avertissements sont donnés aux gradés soit en particulier, soit en présence de deux militaires plus élevés en grade ou plus anciens que le gradé puni. Leur forme est laissée à l'appréciation des officiers qui les infligent.

L'avertissement du commandant, infligé aux caporaux (ou brigadiers) rengagés est toujours accompagné de consigne au quartier.

---

(1) Trois alinéas ajoutés par décret du 5 juin 1925, *Bulletin officiel*, page 1444.

La réprimande du colonel est infligée en présence de quatre militaires plus anciens ou plus élevés en grade que le sous-officier puni; elle est toujours accompagnée d'arrêts de rigueur.

Les sous-officiers punis d'arrêts simples font leur service; ils prennent leur repas dans les conditions habituelles. En dehors du service, ils sont tenus de rester dans leur chambre, s'ils sont logés à la caserne, à leur domicile, s'ils logent en ville.

Les sous-officiers punis d'arrêts de rigueur cessent leur service et sont enfermés dans un local spécial du corps auquel ils appartiennent, ou, à défaut, dans le local·spécial d'un quartier militaire fixé, pour chaque garnison, par le commandant d'armes; ils peuvent sortir pendant une heure par jour pour prendre l'air, mais ne doivent pas quitter le quartier.

Les gradés rengagés ou commissionnés, en instance de comparution devant un conseil d'enquête, sont laissés libres ou mis au régime des arrêts simples ou des arrêts de rigueur, suivant la décision du chef de corps.

Article 44. — **Punitions des militaires en permission ou en congé**

Lorsqu'un militaire en permission encourt une punition de prison régimentaire ou d'arrêts de rigueur, sa permission est, de ce fait, supprimée.

S'il se trouve dans une ville de garnison, le commandant d'armes le fait incarcérer immédiatement dans les locaux disciplinaires d'un corps de troupe; dans le cas contraire, il appartient au général commandant la subdivision de le renvoyer à son corps pour y subir sa punition.

S'il s'agit d'un militaire en congé, pour tout autre motif qu'une convalescence, et que le nombre de jours de punition encourue soit inférieur à celui des jours de congé dont il peut encore bénéficier, la punition est toujours subie dans les locaux disciplinaires d'un corps désigné par le général commandant la subdivision. Sa punition achevée, le militaire termine son congé, dont la date d'expiration n'est pas modifiée.

Le militaire en congé de convalescence est soumis aux mêmes règles. Toutefois, il est, au préalable, examiné par un médecin, qui peut décider, s'il y a lieu, son envoi à l'hôpital pendant la durée de sa punition.

Article 45. — **Tableau des punitions se décomptant par jours (sous-officiers et hommes de troupe).**

Le maximum des punitions, se décomptant par jours, qui peuvent être infligées par les différentes autorités hiérarchiques aux sous-officiers et hommes de troupe est indiqué par le tableau ci-après :

AUTORITÉS pouvant infliger des PUNITIONS.	MAXIMUM pouvant être infligé aux :		OBSERVATIONS.
	Sous-officiers.	Caporaux (ou brigadiers) et soldats.	
Caporal (ou brigadier) rengagé (1)............	....	2 j. de consigne	(1) Les caporaux (ou brigadiers) non rengagés ne peuvent punir directement : ils signalent les fautes constatées par eux à l'autorité dont ils relèvent, qui prononce la punition.
Sous-officier............	2 jours d'arrêts simples	4 j. de consigne	
Adjudant-chef, adjudant de semaine dans son service, adjudant dans son unité............	2 jours arrêts simples.	4 j. de consigne 2 j. de salle de police.	(2) En dehors de leur unité, les officiers supérieurs n'ont droit de prononcer que des punitions de durée moitié moindre (8 jours pour les arrêts simples, la consigne et la salle de police).
Sous-lieutenant........ Lieutenant............	4 jours arrêts simples.	8 j. consigne. 4 j. salle de pol.	
Capitaine hors de son unité............	8 jours arrêts simples.	8 j. consigne. 8 j. salle de pol.	
Capitaine dans son unité	15 jours arrêts simples. 8 jours arrêts de rigueur.	15 j. consigne. 15 j. salle de pol. 8 j. prison régimentaire.	
Commandant dans son unité. Lieutenant-colonel dans le régiment (2)............	15 jours arrêts simples. 10 jours arrêts de rigueur.	15 j. consigne. 15 j. salle de pol. 10 j. prison régimentaire.	
Officier supérieur, chef de corps............	30 jours arrêts simples. 15 jours arrêts de rigueur.	30 j. consigne. 30 j. salle de pol. 15 j. prison régimentaire.	Dont 8 de cellule (pour les soldats seulement).
Officier général hors de son commandement..	Comme le chef de corps.		
Général commandant une brigade ou une I. D., dans son commandement............	20 jours arrêts de rigueur	20 j. prison régimentaire.	Dont 10 de cellule (pour les soldats seulement).
Général commandant une division dans son commandement (A)...	25 jours arrêts de rigueur.	25 j. prison régimentaire.	Dont 12 de cellule (pour les soldats seulement).
Général cdt. un corps d'armée. Général cdt. de division en Algérie. Général cdt. sup. des troupes aux colonies. Général cdt. une expédition, dans leur commandement (A)...	60 jours arrêts de rigueur.	60 j. prison régimentaire.	Dont 15 de cellule pour les soldats seulement, avec obligation de rendre compte au Ministre (direction d'armes) pour toute punition dépassant 30 jours. Les punitions dépassant 30 jours d'arrêts ou de prison régimentaire ne doivent être infligées que dans des cas tout à fait exceptionnels.

NOTA. — Aux colonies, les pouvoirs disciplinaires des commandants supérieurs des troupes et des commandants de détachements qui ne sont pas officiers généraux, sont déterminés par un décret spécial.

Les pouvoirs disciplinaires des fonctionnaires de l'intendance, des médecins, des vétérinaires militaires, des officiers d'administration, des chefs de musique, etc., correspondent à ceux de leur rang hiérarchique.

(A) Les droits, en matière de punitions, des généraux commandant une artillerie divisionnaire ou une artillerie de corps d'armée, à l'égard des sous-officiers, brigadiers et soldats, sont ceux fixés respectivement pour les généraux commandant une brigade ou une infanterie divisionnaire et les généraux commandant une division, par le présent tableau.

(Feuille de renseignements du 22 septembre 1924, *B. O.*, p. 2839.)

Les punitions commencent aussitôt après qu'elles ont été infli
gées. Elles se décomptent du réveil au réveil, en partant du réveil qui a précédé le commencement de la punition. A l'expiration de la punition, le service de semaine fait mettre en liberté
les militaires enfermés dans les locaux disciplinaires.

Article 46. — Sanctions particulières concernant les militaires non officiers.

En cas de mauvaise conduite persistante, et indépendamment
des punitions qui leur sont infligées en vertu de l'article 41, les
sous-officiers et les hommes de troupe peuvent être changés de
corps ou de résidence, par mesure disciplinaire, quelles que
soient d'ailleurs les raisons qui aient primitivement motivé leur
affectation (soutien de famille, possession de certains brevets,
etc...) (1).

Conformément aux dispositions de la loi sur le recrutement
de l'armée :

Les militaires qui, pendant la durée de leur service, auront su-
bi des punitions d'arrêts de rigueur, de prison ou de cellule, d'une
durée supérieure à huit jours, sont maintenus au corps, après la
libération de leur classe ou l'expiration de leur engagement, pendant un nombre de jours égal au nombre de journées d'arrêts de
rigueur, de prison ou de cellule, qu'ils auront subies, déduction
faite des punitions n'excédant pas huit jours.

Cette disposition n'est pas applicable aux militaires qui, au
moment de la libération de leur classe ou de l'expiration de leur
engagement, sont en possession d'un grade de sous-officier ou
de celui de caporal (ou brigadier) ou qui sont soldats de 1re classe,
si les punitions ont été encourues par eux antérieurement à leur
nomination.

Elle s'applique aux militaires des réserves punis au cours d'une
période d'exercices.

Les militaires qui sont dans le cas d'être maintenus au corps,
par application des dispositions ci-dessus, peuvent cependant bénéficier d'une réduction partielle ou même totale, si leur conduite
a été satisfaisante depuis leurs punitions. A cet effet, ils compa-
raissent obligatoirement devant un conseil de discipline régimen-

---

(1) Ces mutations sont prononcées dans les conditions fixées par l'instruction sur le service courant.

taire, qui émet, pour chacun, un avis motivé, au vu duquel le chef de corps statue définitivement sur la durée du maintien.

Tout militaire qui, au moment de sa libération, de l'expiration de son temps de service supplémentaire, ou à l'issue d'une période d'exercices, a à subir tout ou partie d'une punition d'arrêts de rigueur, de prison régimentaire ou de cellule, est retenu au corps jusqu'à ce qu'il ait achevé sa punition.

Article 47. — **Renvoi à la 2e classe.**

Les soldats de 1re classe peuvent être remis soldats de 2e classe par le chef de corps ou de service après avis des autorités hiérarchiques.

Article 48. — **Envoi aux sections spéciales.**

Peuvent être envoyés aux sections spéciales, sur la proposition du général commandant le corps d'armée, après avis d'un conseil de discipline, et s'ils ont au moins trois mois de service :

1° Les soldats qui, par des fautes réitérées contre le devoir militaire, ou par leur mauvaise conduite persistante, portent atteinte à la discipline et constituent un danger pour la valeur morale des corps ou services dont ils font partie;

2° Ceux qui participent à des fautes collectives graves contre la discipline;

3° Ceux qui, dans le but de se soustraire au service, se mutilent volontairement, tentent de se mutiler, ou simulent des infirmités;

4° Ceux qui se rendent complices des actes prévus à l'alinéa précédent.

L'envoi aux sections spéciales est réglé par des instructions ministérielles.

Article 49. — **Rétrogradation. — Cassation. — Révocation. Admission d'office à la retraite proportionnelle.**

La rétrogradation replace un sous-officier, appelé, engagé ou rengagé, dans l'un des grades de sous-officier inférieur au sien ou dans celui de caporal (ou brigadier).

La cassation remet soldat de 2e classe un gradé, appelé, engagé ou rengagé.

L'admission d'office à la retraite proportionnelle rend à la vie civile le militaire commissionné qui a acquis des droits à une pension proportionnelle.

La révocation rompt le contrat d'un militaire commissionne.

Lorsqu'il y a lieu de provoquer contre un militaire l'une des sanctions ci-dessus, le commandant de l'unité établit une plainte, à laquelle sont joints le relevé des punitions et l'état signalétique et des services de l'intéressé. Le dossier, revêtu des avis hiérarchiques, est transmis à l'autorité qui a qualité pour statuer, conformément aux indications du tableau ci-après :

MILITAIRE OBJET DE LA PLAINTE.	AUTORITÉ COMPÉTENTE POUR PRONONCER		
	la RÉTROGRADATION.	la CASSATION.	LE RETRAIT de la commission, la mise à la retraite d'office, la révocation.
Soldat commissionné.........			Général commandant le C. A.
Caporal (ou brigadier) non rengagé..		Général de brigade.	
Caporal ou brigadier { rengagé		Général commandant le C. A.	
Caporal ou brigadier { commissionné			Général commandant le C A.
Sous-officier non rengagé ni commissionné { au-dessous d'adjudant..	Général de brigade.	Général de division.	
Adjudant	Général de brigade.	Général commandant le C. A.	
Adjudant-chef...........	Ministre.	Ministre.	
Maîtres-armuriers.........	Ministre.	Ministre.	
Sous-officier { rengagé	Ministre.	Ministre.	
Sous-officier { commissionné			Ministre.

La rétrogradation, la cassation, la mise à la retraite d'office, la révocation d'un militaire décoré (Légion d'honneur ou médaille militaire) ne peuvent être prononcées que par le Ministre.

La rétrogradation et la cassation des gradés indigènes nord-africains décorés de la Légion d'honneur et de la médaille militaire sont réglementées par des instructions spéciales ou les décrets en vigueur.

Tout officier général, avant de prononcer une rétrogradation ou une cassation, doit, autant que possible, entendre le gradé, objet de la plainte.

Lorsqu'il s'agit d'une sanction intéressant un militaire rengagé, commissionné ou décoré, le dossier est complété par l'avis d'un conseil d'enquête, constitué conformément au décret sur la composition de ces conseils, avis qui ne peut être modifié qu'en faveur de l'intéressé (1).

Les sous-officiers rétrogradés ou cassés sont changés de corps; les caporaux ou brigadiers sont changés d'unité.

Article 50. — **Remise volontaire des grades.**

Les différentes autorités désignées à l'article précédent statuent également sur les demandes des gradés tendant, soit à revenir à un grade ou emploi inférieur, soit à revenir soldat de 2e classe. Les demandes écrites des intéressés sont revêtues des avis des chefs hiérarchiques. Les offres de démission des commissionnés sont soumises à l'acceptation du Ministre. Dans aucun cas, l'application de cette mesure ne comporte la convocation d'un conseil d'enquête.

Article 51. — **Inscription et enregistrement des punitions.**

Les punitions sont portées à la connaissance du commandant de l'unité, soit par les comptes rendus de ses subordonnés, soit par des notifications du service de semaine, s'il s'agit de punitions infligées par des gradés étrangers à l'unité; elles figurent toutes à la situation-rapport de l'unité et ne deviennent définitives qu'après sanction des autorités hiérarchiques appelées à se prononcer sur elles en dernier ressort.

Toute punition égale ou supérieure à huit jours de prison régimentaire doit faire l'objet d'un rapport écrit succinct; elle ne peut être prononcée sans que le chef qui l'inflige ait recueilli de vive voix ou par écrit les explications du militaire puni.

Les punitions des hommes de troupe supérieures à trois jours de consigne et toutes celles des sous-officiers sont portées sur le livret matricule, quand elles ont été sanctionnées par le colonel ou les officiers généraux (abstraction faite de celle pour

---

(1) Les gradés indigènes nord-africains, rengagés ou non rengagés, décorés ou non décorés de la Légion d'honneur ou de la médaille militaire, doivent, conformément aux dispositions du décret du 1er mai 1912 être rétrogradés ou cassés dans les conditions prescrites pour les gradés non rengagés des corps français.

Toutefois, la cassation ou la rétrogradation des adjudants indigènes est prononcée par le Ministre.

(Feuille de renseignements du 8 octobre 1924, *Bulletin officiel*, p. 2720.)

laquelle l'intéressé a définitivement bénéficié du sursis). La punition pour laquelle le sursis est accordé est inscrite sur une feuille spéciale du livret matricule.

L'envoi aux sections spéciales, la rétrogradation, la cassation, la remise à la 2e classe, le retrait d'un emploi spécial prévu à l'article 41, prononcés comme sanction accessoire d'une punition infligée à l'occasion d'une faute déterminée, n'annulent pas les conséquences de cette punition prévues aux articles 36 et 46 (1).

Le libellé de la faute, ainsi que la sanction qu'elle a entraînée, sont inscrits aux pièces matricules. Les dossiers d'envoi aux sections spéciales, de rétrogradation, de cassation, sont déposés aux archives des corps (1).

Dans les troupes coloniales, il est tenu pour chaque militaire un feuillet individuel de punitions. Ces feuillets sont rassemblés en registre par unité; la tenue de ces feuillets fait l'objet d'une instruction spéciale.

Le service de semaine tient à jour, pour chaque caserne ou établissement, un registre de punitions modèle n° 7. Dans les unités, toutes les punitions sont inscrites, dès qu'elles sont infligées, sur deux carnets d'enregistrement de modèle facultatif : l'un, confidentiel, tenu par l'adjudant-chef pour les sous'officiers; l'autre, tenu par le sergent-major (ou maréchal des logis chef) pour les hommes de troupe.

Les modifications que le chef de corps ou de service et les officiers généraux apportent aux punitions sont toujours reportées par l'adjudant de semaine sur la situation-rapport, sur laquelle la punition primitive a été inscrite.

Article 52. — **Punitions des officiers, nature, notification et exécution des punitions.**

Les punitions à infliger aux officiers sont :

Les avertissements du capitaine, du commandant, du colonel;
Les arrêts simples;
Les arrêts de rigueur;
La réprimande des officiers généraux;
Le blâme du Ministre;
Les arrêts de forteresse;
La mise en non-activité par suspension ou retrait d'emploi;
La réforme.

---

(1) Modifications, décret du 25 août 1925, *Bulletin officiel*, page 2507.

Dans l'aéronautique, la radiation du personnel navigant peut être infligée aux officiers; cette sanction est prononcée par le Ministre (1).

Les punitions encourues sont inscrites au feuillet du personnel de l'officier puni.

L'avertissement du capitaine est donné à l'intéressé en particulier, sans formalité définie et sans inscription au feuillet.

Les avertissements du commandant et du colonel sont donnés en présence de deux officiers plus élevés en grade ou plus anciens que l'officier puni et mentionnés à son feuillet.

L'officier aux arrêts simples fait son service; en dehors du service, il est tenu de garder la chambre sans recevoir personne, sauf pour affaire de service; il est toutefois autorisé à se rendre, pour prendre ses repas, au lieu où il les prend habituellement.

L'officier aux arrêts de rigueur et aux arrêts de forteresse n'exerce, pendant la durée de sa punition, aucune fonction de son grade; aux arrêts de rigueur, l'officier est tenu de garder la chambre sans recevoir personne et d'y prendre ses repas.

Les arrêts de forteresse sont subis dans un bâtiment militaire désigné par le commandant de la région.

Les arrêts sont notifiés par écrit ou de vive voix, mais, dans ce dernier cas, confirmés par écrit à l'officier sous la forme d'un pli fermé, qui lui est envoyé par la voie hiérarchique et faisant connaître la nature, le motif de la punition, ainsi que la date et l'heure auxquelles elle commence. L'officier puni en accuse réception par la même voie.

La décision qui inflige les arrêts de forteresse spécifie si l'officier se rendra librement ou non dans le lieu où il doit accomplir sa punition; dans le second cas, elle indique comment il y sera conduit.

La mise en non-activité par suspension ou retrait d'emploi et la réforme sont des sanctions prononcées par le Ministre et appliquées dans des conditions qui font l'objet d'une réglementation spéciale.

En plus des punitions énumérées ci-dessus, les officiers peuvent être changés de corps ou de résidence par mesure disciplinaire.

Artcile 53. — Durée des punitions.

Les durées maxima des punitions d'arrêts sont ainsi fixées :

---

(1) Modifié par décret du 25 août 1925, *Bulletin officiel*, page 2507.

OFFICIER POUVANT PRONONCER LES ARRÊTS.	NATURE ET DURÉE DES ARRÊTS POUVANT ÊTRE INFLIGÉS.
Lieutenant ou éventuellement sous-lieutenant.	2 jours d'arrêts simples.
Capitaine ou officier supérieur hors de son unité.	4 jours d'arrêts simples.
Capitaine ou officier supérieur dans son unité.	8 jours d'arrêts simples.
Officier supérieur, chef de corps; officier général, hors de son commandement.	30 jours d'arrêts simples. 15 jours d'arrêts de rigueur.
Général de brigade dans son commandement.	30 jours d'arrêts simples, 30 jours d'arrêts de rigueur, 8 jours d'arrêts de forteresse.
Général de division dans son commandement.	30 jours d'arrêts simples, 30 jours d'arrêts de rigueur, 15 jours d'arrêts de forteresse.
Général commandant de corps d'armée dans son commandement.	30 jours d'arrêts simples; 30 jours d'arrêts de rigueur, 30 jours d'arrêts de forteresse.

Article 54. — Réprimande des généraux et blâme du Ministre.

La réprimande des généraux et le blâme du Ministre peuvent, soit constituer une punition isolée, soit faire suite à une autre punition déjà prononcée pour le même motif. Ils sont notifiés à l'intéressé dans la forme indiquée par l'autorité qui les inflige et sont, dans tous les cas, formulés par écrit.

Article 55. — Compte rendu des punitions infligées aux officiers.

Les punitions infligées aux officiers font l'objet de comptes rendus modèle n° 8 adressés aux officiers généraux par la voie hiérarchique. Chaque autorité intermédiaire y consigne son avis. Ne sont transmis au Ministre (Direction d'armes) que les comptes rendus de punitions d'au moins vingt jours d'arrêts de rigueur ou de la réprimande des officiers généraux.

Article 56. — **Communication préalable à certaines sanctions disciplinaires** (1).

Les officiers, sous-officiers et hommes de troupe susceptibles d'être l'objet, par mesure de discipline, des sanctions énumérées à la fin du présent article, ou d'un déplacement d'office, doivent toujours recevoir, de leur chef de corps (ou de service), communication préalable, personnelle ou confidentielle, du dossier de l'affaire et de leur dossier du personnel (pour les officiers, « dossier général »; pour les sous-officiers rengagés ou commissionnés, carnet de notes, livret matricule; pour les autres militaires, livret matricule).

Cette communication a lieu dans les conditions suivantes :

Les dossiers, tels qu'ils doivent être adressés à l'autorité qualifiée pour prendre la décision définitive, sont communiqués au militaire en cause, et c'est, seulement, lorsqu'ils ont été complétés par les avis de toutes les autorités intermédiaires, que ces dossiers doivent être retournés au chef de corps, aux fins de communication. Autant que possible, il y a lieu d'éviter de comprendre, dans le dossier, des pièces concernant d'autres militaires que l'intéressé. Ce dernier doit émarger toutes les pièces. Un délai suffisant lui est donné pour qu'il puisse, éventuellement, sur le vu du dossier, présenter, par écrit, ses observations, qui seront jointes au dossier. Il est interdit au militaire intéressé de faire état de cette communication, pour réclamer contre l'appréciation de ses supérieurs; il a, seulement, la faculté de réclamer la rectification de toute erreur matérielle relevée et de joindre au dossier les observations qu'il croirait devoir formuler. Dans le cas où il refuserait d'émarger les pièces communiquées, il serait ajouté au dossier une déclaration signée par le chef de corps, mentionnant que la communication a bien été faite et que l'intéressé a refusé de signer.

Les sanctions disciplinaires visées ci-dessus sont les suivantes : mise en disponibilité, mise à la retraite d'office, réforme, non-activité par suspension ou retrait d'emploi, cassation, révocation ou mise à la retraite d'office des commissionnés, rétrogradation, renvoi de la 1re à la 2e classe, envoi aux sections spéciales, retrait d'un emploi de spécialiste de l'aéronautique, radiation du personnel navigant.

---

(1) Nouvelle rédaction, décret du 3 janvier 1925, *Bulletin officiel*, page 128.

Article 57. — **Réclamations.**

Le droit de réclamation est admis pour permettre aux militaires d'exercer, le cas échéant, un recours contre les mesures ou punitions jugées imméritées ou irrégulières.

Les réclamations individuelles sont seules admises. Le militaire qui veut réclamer, ne peut le faire, s'il s'agit d'une punition, que si l'exécution de la punition est commencée. Il doit demander à être entendu par le supérieur qui a pris la mesure ou prononcé la punition contre laquelle il veut réclamer.

Ce dernier doit écouter la réclamation avec calme et bienveillance, y faire droit si elle est fondée, dans le cas contraire, faire comprendre au militaire en cause la nécessité de la mesure prise contre lui

Si l'inférieur croit devoir persister, il peut en référer, par la voie hiérarchique, à l'une quelconque des autorités supérieures à celles qui ont déjà examiné sa réclamation. Toutefois, il doit être prévenu que, si celle-ci est encore rejetée, il s'expose à une sanction, prononcée par la nouvelle autorité à laquelle il s'est adressé.

Les réclamations sont toujours transmises par la voie hiérarchique. Jusqu'au colonel, et après une demande d'audience, elles peuvent être présentées verbalement; aux échelons supérieurs. elles sont adressées par écrit.

Aucune réclamation ne peut être arrêtée par les autorités intermédiaires; si elles n'y donnent pas satisfaction, ces autorités les transmettent à l'échelon supérieur avec avis motivé.

Article 58. — **Organisations et souscriptions interdites.**

Il est interdit aux militaires de l'armée active de créer des organisations ou d'en faire partie, et de prendre part à des souscriptions, sans avoir, au préalable, obtenu l'autorisation du Ministre.

Il leur est, en outre, rigoureusement défendu de faire partie de groupements constitués pour soutenir des revendications d'ordre professionnel ou politique.

TITRE IV.

Article 59. — Dispositions spéciales aux troupes coloniales.

Le présent règlement s'applique aux troupes coloniales, tant en France qu'aux colonies, pour tout ce qui ne fait pas l'objet d'instructions ministérielles ou de règlements spéciaux à ces troupes.

DISPOSITIONS GÉNÉRALES.

Article 60.

Sont abrogées toutes dispositions contraires à celles du présent décret.

Article 61.

Le Ministre de la guerre et des pensions est chargé de l'exécution du présent décret.

Paris, le 30 mai 1924.

A. MILLERAND.

Par le Président de la République :

Le Ministre de la guerre et des pensions,

MAGINOT.

GOUVERNEMENT

MILITAIRE

de

ou

• CORPS D'ARMÉE

—

° DIVISION

—

° (corps ou service).

N°

OBJET

—

Au sujet de (1)

Mᴏᴅᴇ̀ʟᴇ ɴ° 1
(lettre)
Art. 21 du Règlement.

Habituellement, format
écolier. Feuille simple
lorsqu'elle suffit.

A　　　　　, le　　　　　19　.

Le (2)　　　　　　　　　　　, commandant

le (3)

au (4)

à

J'ai l'honneur (5)

(Signature, sans indiquer le grade.)

Modèle de suscription d'enveloppe
pour la correspondance militaire des officiers de réserve.

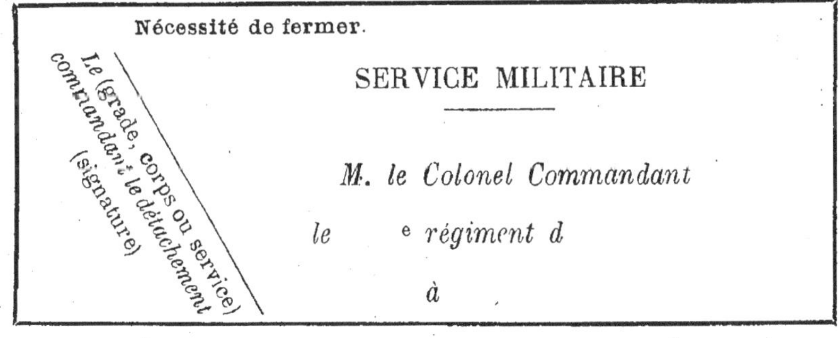

(1) Indiquer sommairement l'objet de la lettre.
(2) Grade et nom.
(3) Unité commandée.
(4) Grade et emploi du destinataire. Si la lettre est adressée au Ministre,
ajouter l'indication de la direction ou du bureau.
(5) Formule à placer, soit au début, soit dans le corps de la lettre.

Modèle n° 2.

Art. 21 du Règlement.

Format quelconque.
Feuille simple.

BULLETIN DE CORRESPONDANCE.

CORPS OU SERVICE : A , le 19	CORPS OU SERVICE : A , le 19
N° de l'unité :	N° de l'unité :
Le (1) commandant le (2) au (3) à	Le (1) commandant le (2) au (3) à
	RÉPONSE.
(Signature.)	*(Signature.)*

(1) Grade et nom.
(2) Unité commandée.
(3) Grade et emploi du destinataire.

Le bulletin de correspondance s'emploie de préférence à l'intérieur des corps et services. Il est renvoyé, avec la réponse, par le destinataire à l'autorité qui l'a adressé. Il est utilisé pour toute demande de renseignements.

<table>
<tr><td>

GOUVERNEMENT
MILITAIRE
de

ou

• CORPS D'ARMÉE

—

• DIVISION

—

• (corps ou service).

N°

</td><td>

Modèle n° 3
(rapport).

—

Art. 21 du Règlement.

Habituellement, format
écolier. S'il est dacty-
lographié, paginer les
feuilles et les assem-
bler par une agrafe.

</td></tr>
</table>

A   , le   19

RAPPORT

du (1)

sur (2)

---

(1) Grade, nom et emploi de l'auteur du rapport.

(2) Objet sommaire du rapport.

Nota. — Les avis des autorités hiérarchiques sont, s'il y a lieu, consignés à la suite du rapport. Le grade, le nom et l'emploi de chaque chef
hiérarchique sont mentionnés en tête de son avis.

GOUVERNEMENT
MILITAIRE
de

ou

• CORPS D'ARMÉE
—
• DIVISION
—
• (corps ou service).

MODÈLE Nº 45
(bordereau d'envoi).

Art. 21 du Règlement.

Format autant que possible semblable à celui des pièces contenues. Feuille double.

Le (1)   , commandant
le (2)
au (3)
à

BORDEREAU D'ENVOI (4).

NUMÉROS DES PIÈCES.	DÉSIGNATION DES PIÈCES.	NOMBRE DE PIÈCES.	OBSERVATIONS.
			(Ne pas mettre d'avis dans cette colonne.)
TOTAL du nombre de pièces.........			

A   , le   19

(Signature, sans indiquer le grade.)

Reçu à   , le   19 .
    Le (grade et nom)
        Signature.

(Si l'expéditeur ne veut pas que le bordereau lui soit renvoyé, il raye la mention ci-dessus.)

---

(1) Grade et nom de l'autorité qui fait l'envoi.
(2) Unité commandée.
(3) Grade et emploi du destinataire.
(4) S'emploie comme chemise pour les transmissions de pièces au sujet desquelles l'expéditeur n'a pas d'avis à émettre.

MODÈLE N° 5 (1).

Art. 24 du Règlement

Format : 11 5×16,5.

Cet extrait est à plier en deux
par le milieu, de façon à ce que
l'inscription soit *à l'intérieur.*

EXTRAIT DU LIVRET INDIVIDUEL.

Nom :
Prénoms :
N° d'incorporation :

Classe :
    Grades
    successifs.

Corps
ou service.

Unités
successives.

*Signature du commandant d'unité
et cachet du chef de c rps.*

Signalement
du
titulaire.

A plier
ici.

CHANGEMENTS DE CORPS.

SIGNATURE
DES COMMANDANTS
d'unités.

Passé le
au
comme
Nouveau n° d'incorporation

Passé le
au
comme
Nouveau n° d'incorporation

Passé le
au
comme
Nouveau n° d incorporation

Observations au sujet de l'établissement de l'extrait. — Le corps (ou service) dans lequel l'homme est incorporé établit l'extrait du livret individuel; celui-ci est signé par le commandant de l'unité. Les changements d'unité, ainsi que les grades successifs, dans ce corps, sont portés à la partie supérieure de l'extrait, par les soins du nouveau commandant d'unité.

Lorsque l'homme change de corps (ou de service), il conserve son extrait de livret individuel. Mention est faite du changement de corps à la partie inférieure de l'extrait, par les soins du nouveau commandant d'unité. A chaque changement de corps, sur la ligne commençant par : *au,* indiquer le corps et l'unité; sur la ligne commençant par : *comme,* indiquer le grade.

NOTA IMPORTANT. — Le présent extrait ne donne droit au tarif militaire sur les chemins de fer que s'il est présenté conjointement avec une feuille de route ou un des titres qui suppléent cette pièce (ordre de route, sauf-conduit, congé, permission ou ordre de service).

(1) Modifié par décret du 26 décembre 1925, *Bulletin officiel,* page 3749.

<table>
<tr><td>

°CORPS D'ARMÉE.

—

° DIVISION.

</td><td>

MODÈLE Nº 6.

—

Art. 36 du Règlement

Format : environ 30×20

</td></tr>
</table>

Désignation
du corps
ou service.

CERTIFICAT DE BONNE CONDUITE.

Le (1)   , commandant le
certifie que le (2)
né le   , à
département d
a tenu une bonne conduite pendant tout le temps qu'il est resté sous les drapeaux et qu'il a constamment servi avec honneur et fidélité.

A   , le   19 .

*Signature et cachet
du chef de corps (ou de service).*

---

(1) Grade et nom du chef de corps ou de service.
(2) Grade, nom, prénoms et numéro d'incorporation du militaire.

NOTA. — Cette pièce, en cas de perte, ne peut être remplacée par duplicata.

MODÈLE Nº 7.

Art. 51 du Règlement

FORMAT :
Papier écolier ouvert.

(Couverture).

° RÉGIMENT D

Caserne d

REGISTRE DES PUNIS

NOTA. — Il est établi un registre par caserne ou établissement contenant des locaux disciplinaires utilisés à ce titre.

Quand une punition est augmentée ou diminuée, on barre toutes les inscriptions concernant la première punition infligée, et l'on fait, à la date où la modification est notifiée, une nouvelle inscription de la punition

Quand une punition est finie, toutes les inscriptions qui la concernent sont barrées.

Les punitions barrées doivent pouvoir être lues sans difficulté.

(En tête d'une page ouverte du registre.)

Date des situations-rapports sur lesquelles les punitions ont été mentionnées.	UNITÉS.	NOM et PRÉNOMS.	GRADE.	NATURE ET DURÉE DES PUNITIONS.							JOUR		OBSERVATIONS et RENSEIGNEMENTS.
				Interdiction de sortir après l'appel du soir.	Consigne au quartier.	Salle de police.	Prison régimentaire.	Cellule.	Arrêts simples.	Arrêts de rigueur.	du commencement de la punition.	de la fin de la punition.	

 CORPS D'ARMÉE.   MODÈLE Nº 8.

—

 DIVISION.   Corps

—   ou

 SUBDIVISION   Service.   Art. 55 du Règlement.

ou

PLACE DE   Format écolier.

(s'il y a lieu).

COMPTE RENDU d'une punition infligée à un officier.

Nom et grade de l'officier puni.	
Nom et grade de l'officier qui a infligé la punition............	
Nature de la punition...........	
Motif de la punition...........	
Punitions antérieures (numériquement).	

Appréciation du chef de corps (ou de service) sur la conduite et la manière de servir de l'officier puni :

A   , le   19 .

Le (grade, nom et emploi du chef de corps (ou de service).
Signature :

(Le verso est utilisé pour les avis et décisions des autorités hiérarchiques auxquelles est envoyé le compte rendu.)

ANNEXE **A**

faisant suite à l'article 32 de la 1re partie du Règlement du service dans l'armée.

Conditions dans lesquelles sont accordées les permissions faisant mutation et leurs prolongations.

Les conditions dans lesquelles sont accordées les permissions faisant mutation et leurs prolongations font l'objet d'un décret portant règlement sur la concession des congés et permissions, en date du 1er mars 1890, et de diverses circulaires et instructions ministérielles postérieures.

I.

EXTRAITS DU DÉCRET, EN DATE DU 1er MARS 1890, PORTANT RÈGLEMENT SUR LA CONCESSION DES CONGÉS ET PERMISSIONS.

. . . .

Article 2. Les militaires en congé ou en permission doivent toujours être porteurs du titre en vertu duquel ils s'absentent; les hommes de troupe doivent, en outre, être porteurs de leur livret.

Article 3. Les généraux commandant les subdivisions de région peuvent accorder aux hommes de troupe en permission ou en congé dans l'étendue de leur commandement l'autorisation de se rendre dans des localités autres que celles désignées sur leur titre d'absence.

Ils peuvent également autoriser les militaires de tous grades en instance de prolongation à attendre dans leurs foyers la décision à intervenir de l'autorité supérieure. Ces autorisations sont inscrites sur le titre d'absence et l'avis en est donné directement aux chefs de corps ou de service.

Le séjour à l'hôpital au cours d'un congé ou d'une permission compte dans la durée du titre d'absence (1).

Article 4. Les officiers de tous grades et assimilés, en position d'absence, qui désirent changer de résidence, peuvent le
faire sans autorisation préalable. Ils sont seulement tenus d'en
informer, par écrit, l'autorité militaire supérieure de laquelle
ils relèvent normalement, en lui faisant connaître leur nouvelle
adresse. Ils sont également tenus de porter eux-mêmes, sur leur
titre d'absence, les changements successifs de résidence qu'ils
ont pu faire pendant la durée de leur permission ou de leur
congé.

. . . .

Article 6. Les demandes d'absence au delà de huit jours, faites en faveur des médecins de corps de troupe, doivent porter
l'avis du directeur du service de santé, lorsque ces médecins
sont, en même temps, chargés du service dans un hôpital.

. . . .

Article 8. Les titres d'absence sont établis conformément aux
modèles (n°s 1 et 2 de la présente annexe).

. . . .

Article 9. Les demandes formulées par les militaires (hommes de troupe) en permission ou en congé sont transmises au
commandant de la subdivision de région par l'intermédiaire du
commandant d'armes et, à défaut, par la gendarmerie, à qui
les intéressés doivent remettre leurs demandes. Les officiers
adressent directement leurs demandes au général commandant
la subdivision.

. . . .

Article 12. Il ne peut être accordé de congés ou de permissions pour en jouir à Paris, dans le département de la Seine
et dans celui de Seine-et-Oise, qu'aux hommes de troupe qui
justifient y avoir leur famille ou qui peuvent certifier qu'ils y
ont des moyens d'existence.

Article 13. Les hommes de troupes qui, pour se rendre à leur

---

(1) L'intéressé doit, à l'expiration de son congé ou de sa permission,
rejoindre son corps ou service, à moins qu'il n'obtienne un nouveau titre
d'absence, que l'autorité militaire demeure libre d'accorder ou de refuser
suivant les circonstances et les nécessités du service.

destination, ont à passer par Paris, ne peuvent y séjourner plus de quarante-huit heures.

. . . .

II.

DES PERMISSIONS ET DES AUTORITÉS AYANT QUALITÉ POUR LES ACCORDER.

Aux termes de l'article 18 du décret du 1er mars 1890, le chef de corps ou de service ne peut signer qu'une permission de trente jours avec solde de présence pour les militaires de carrière (voir tableau ci-après).

Par ailleurs, aux termes de l'article 26 du même décret, lorsque la durée de l'absence doit dépasser trente jours, la permission est transformée en congé.

Enfin, la position 9a du tableau I annexé au décret du 10 janvier 1912, portant règlement sur la solde et les revues, prévoit que la solde de présence n'est due que pour les trente premiers jours de l'absence.

Il en résulte que l'article 32 de la première partie du règlement du service dans l'armée doit être interprété de la façon suivante en ce qui concerne l'octroi des permissions aux militaires de carrière :

Le total des journées de permission qui peuvent être accordées aux officiers et sous-officiers de carrière, ainsi qu'aux hommes de troupe ayant accompli le temps de service légal est, en principe, de quarante-cinq jours par an, la durée maxima d'une même permission étant de trente jours.

Les permissions de trente jours sont accordées lorsque les nécessités du service ne s'y opposent pas; elles doivent être échelonnées, en principe, sur toute la durée de l'année. Les congés de convalescence et, le cas échéant, les permissions accordées sur la demande du service de santé, après un séjour aux eaux, ne viennent pas en déduction des permissions autorisées ci-dessus; toutefois, il appartient aux chefs de corps ou de service d'apprécier dans quelle mesure il pourrait y avoir lieu de réduire les permissions normales des intéressés.

Les permissions à accorder aux militaires du contingent sont réparties, pendant leur temps de service, conformément aux prescriptions d'une instruction en date du 10 juillet 1923, dont les principales dispositions sont reproduites plus loin.

Les autorités ayant qualité pour accorder les permissions sont indiquées au tableau ci-après :

MILITAIRES BÉNÉFICIAIRES des permissions.	AUTORITÉS QUALIFIÉES POUR LES ACCORDER.	OBSERVATIONS.
Chef de corps ou de service.	Général de brigade ou directeur de service assimilé, jusqu'à trente jours, avec solde de présence.	Il est rend compte au Ministre de toute permission supérieure à 8 jours accordée aux chefs de corps.
Officiers de carrière (1).	Chef de corps ou de service ou chef de détachement, jusqu'à trente jours, avec solde de présence.	Si le chef de détachement n'est pas officier supérieur, il ne peut accorder de permissions que dans la limite de la délégation reçue du chef de corps. Dans tous les cas, un compte rendu est à fournir au chef de corps de toute permission accordée.
Sous-officiers de carrière.	Chef de corps ou de service ou chef de détachement, jusqu'à trente jours, avec solde de présence.	Id.
Hommes de troupe ayant accompli la durée légale du service.	Chef de corps ou de service ou chef de détachement, jusqu'à trente jours, sans solde, mais avec haute paye.	Id.
Militaires engagés dans leurs dix-huit premiers mois de service et militaires accomplissant la durée légale du service.	Chef de corps ou de service ou chef de détachement jusqu'à vingt-cinq jours, sans solde.	Le chef de corps ou de service seul peut accorder à ces militaires les permissions en sus des 25 jours réglementaires pour reconnaître la manière de servir.

(1) Le chef de corps n'accorde de permissions aux médecins qu'après autorisation du commandant d'armes, qui prend l'avis du médecin-chef du service de santé de la place; quand l'absence doit être supérieure à 15 jours, le médecin-chef du service de Santé de la place prend, avant de répondre, l'avis du directeur du service de santé du corps d'armée.

En cas d'urgence, le chef de corps peut accorder aux médecins des permissions de courte durée, dont il rend compte immédiatement au commandant d'armes.

En ce qui concerne les vétérinaires, les permissions supérieures à 15 jours ne peuvent leur être accordées qu'après avis du directeur du service vétérinaire du corps d'armée, auquel il est simplement rendu compte pour les permissions de moindre durée.

PERMISSIONS POUR ALLER A L'ÉTRANGER.

Les permissions pour aller à l'étranger sont accordées dans les conditions fixées par une instruction spéciale (actuellement circulaire n° 2470 K du 29 février 1924, *Bulletin officiel*, page 756).

III.

DES PROLONGATIONS DE PERMISSIONS.

Les militaires en permission peuvent, exceptionnellement et en exposant les motifs qui justifient leur demande, obtenir des prolongation de permission, sous la réserve que celles-ci ne portent pas à plus de trente jours la durée totale de leur absence. Ces prolongations sont accordées par le chef de corps ou de service (1), ou, si le permissionnaire est chef de corps ou de service, par le général de brigade ou le directeur de service assimilé.

Si la prolongation est demandée pour cause de maladie, un certificat médical est joint à la demande adressée au chef de corps.

Toute prolongation de permission portant au delà de trente jours la durée de l'absence ne peut être demandée et accordée que sous forme de congé. Des prescriptions ministérielles spéciales règlent l'octroi des congés.

IV.

EXTRAITS DE L'INSTRUCTION, EN DATE DU 10 JUILLET 1923, RÉGLANT LE MODE D'ATTRIBUTION DES CONGÉS OU PERMISSIONS PRÉVUS PAR L'ARTICLE 43 DE LA LOI DU 1ᵉʳ AVRIL 1923 SUR LE RECRUTEMENT DE L'ARMÉE.

1° Répartition des permissions.

. . . .

Il a été prévu une répartition des journées de permission, par

---

(1) Aux termes d'une circulaire en date du 7 octobre 1921, la demande de prolongation de permission est toujours adressée au chef de corps ou de service par l'intermédiaire du commandant de la subdivision de région sur le territoire de laquelle le militaire se trouve en permission, dans les conditions prévues par l'article 9 du décret du 1ᵉʳ mars 1890.

Dans certaines circonstances (maladie, événement de famille grave, décès ou maladie mettant en danger les jours des ascendants, descendants, femme, frère ou sœur, naissance d'enfant... tous événements survenus en dernière heure), il peut être matériellement impossible que la décision du chef de corps ou de service parvienne à l'intéressé avant la date de l'expiration de la permission.

Dans ce cas, le commandant de la subdivision de région, conformémen à l'article 3 du décret du 1ᵉʳ mars 1890, peut, à titre tout à fait exceptionnel, autoriser, sur sa demande, le permissionnaire à attendre, sur place, pendant un nombre de jours à déterminer pour chaque cas, la décision du chef de corps ou de service; il avise en même temps ce dernier de l'autorisation ainsi accordée.

année et par fraction de classe, dont les chefs de corps devront, en principe, se rapprocher le plus possible. Cette répartition est la suivante :

a) Les militaires de la première fraction de la classe, incorporés en mai, devant, par suite, accomplir huit mois de service sous le millésime de l'année de leur incorporation et dix mois sous le millésime suivant, bénéficieront, par moitié environ chaque année, des journées de permission normale (vingt-cinq jours);

b) Les militaires de la deuxième fraction de la classe, incorporés en novembre, bénéficieront des mêmes permissions dans la proportion des 4/5es environ l'année suivant celle de leur incorporation (y compris, le cas échéant, les permissions qui pourraient leur être accordées à l'occasion des fêtes de Noël et du nouvel An, l'année de leur incorporation) et de 1/5e environ pendant l'année de leur libération;

c) Les militaires qui n'accompliront que douze mois de services en application de certaines dispositions de la loi de recrutement bénéficieront, pendant cette année de services, de quinze jours de permission normale, auxquels pourront s'ajouter, le cas échéant, les permissions pour reconnaître la manière de servir prévues au paragraphe *f*) ci-dessous;

d) Les militaires qui n'accompliront que six mois de service en application des dispositions des articles 21, 3° alinéa (ajournés), et 98 (Français et naturalisés Français résidant à l'étranger), bénéficieront de huit jours de permission normale, auxquels pourront s'ajouter, le cas échéant, de un à quatre jours de permission « pour reconnaître la manière de servir »;

e) Les engagés volontaires, pendant leurs dix-huit premiers mois de services, bénéficieront, chaque année, d'un nombre de journées de permission proportionné à la durée du service qu'ils auront accompli au cours de ladite année et calculé sur le taux de vingt-cinq jours pour dix-huit mois. Ils bénéficieront aussi, s'il y a lieu, des permissions « pour reconnaître la manière de servir » prévues ci-après;

f) Les permissions « pour reconnaître la manière de servir », d'une durée variant de 1 à 10 jours, suivant la décision des chefs de corps, seront accordées au moment jugé le plus opportun, compte tenu des nécessités du service.

L'attention des chefs de corps est appelée sur le fait que ces permissions constituent une récompense, qui ne devra être accordée que si la manière de servir des intéressés donne toute satisfaction.

Il conviendra de se montrer particulièrement bienveillant à l'égard des militaires appartenant aux catégories telles que les suivantes : pères de famille, agriculteurs, titulaires du brevet de préparation militaire élémentaire.

2° Attributions des permissions.

Afin d'apporter le minimum de gêne à l'instruction, les permissions seront, en principe, accordées au plus grand nombre possible d'hommes à la fois, en réduisant, ou même en suspendant, s'il y a lieu, l'instruction pour tout ou partie des unités. A cet effet, on choisira de préférence les périodes des fêtes du nouvel An et de Pâques, celles qui suivent le séjour dans les camps et celles des travaux intensifs de l'agriculture.

Pendant la période des fêtes, le nombre des absents pourra être porté à 50 p. 100 de l'effectif, lorsque le général commandant le corps d'armée estimera que la situation le permet.

3° Agriculteurs.

Conformément aux dispositions de l'article 45 de la loi du 1er avril 1923, les hommes exerçant la profession d'agriculteurs obtiendront, de préférence aux autres militaires, leurs permissions au moment des travaux des champs, aux époques qui seront déterminées pour chaque département par les commandants de région, après avis du conseil général.

. . . .

4° Dispositions diverses.

a) Les dimanches et jours fériés compris dans un congé ou une permission de plus de quarante-huit heures ne seront pas déduits de la durée de ce congé ou de cette permission.

. . . .

b) Des permissions supplémentaires à titre de délais de route, ne comptant pas dans les allocations, seront concédées aux militaires en garnison loin de leur famille. Ces délais seront calculés sur les distances à parcourir par le permissionnaire.

Tout militaire ayant à parcourir plus de 500 kilomètres (aller et retour), soit 250 kilomètres par voyage, aura droit à vingt-quatre heures de délai. Tout militaire ayant à parcourir plus de 1.000 kilomètres (aller et retour), soit 500 kilomètres à chaque voyage, aura droit à quarante-huit heures de délai.

Les délais ne pourront pas être supérieurs à deux jours et ne seront concédés que pour des permissions de trois jours au moins.

c) A titre tout à fait exceptionnel, des permissions supplémentaires de très courte durée, ne comptant pas dans la durée normale des permissions (quatre jours au maximum pour la métropole, six jours pour les autres territoires), pourront être accordées dans les cas ci-après : mariage du militaire, naissance d'enfant, décès, maladie grave (mettant les jours en danger) et mariage d'un parent très proche (ascendant, descendant, frère ou sœur).

. . . .

Toute prolongation ayant pour effet de porter la permission exceptionnelle à une durée supérieure à celle prévue ci-dessus viendra, obligatoirement, en déduction des permissions normales.

. . . .

d) Des permissions à titre de convalescence pourront être accordées aux militaires sortant de l'hôpital ou de l'infirmerie.

Les permissions de cette nature, accordées sur l'avis du médecin traitant, soit par le chef de corps, si l'intéressé est soigné dans sa garnison, soit, dans le cas contraire, par le commandant de la subdivision sur le territoire de laquelle il est en traitement, ne compteront pas dans les jours légaux; si elles sont prolongées, la durée de la prolongation viendra en déduction des permissions normales, ainsi que cela est prévu ci-dessus.

De même, toute prolongation d'un congé de convalescence viendra en déduction des permissions normales.

e) Les prolongations de permissions ou congés viennent en déduction des permissions normales, sauf si elles sont accordées pour l'un des motifs visés au paragraphe *c)* ci-dessus.

V.

DISPOSITIONS SPÉCIALES.

Des dispositions spéciales règlent le mode d'attribution :

a) Des permissions aux militaires français servant en dehors de la métropole, ainsi qu'aux militaires indigènes nord-africains et coloniaux;

b) Des permissions supplémentaires aux militaires français et indigènes, appartenant à l'armée métropolitaine, qui contractent un rengagement;

c) Des permissions exceptionnelles de fin d'études aux militaires sortant des écoles militaires.

Moḍḥle ℵ° 1.

* CORPS D'ARMÉE
ou
GOUVERNEMENT MILITAIRE
d

* DIVISION

(1) Permission, congé ou prolongation; en indiquer la nature.

Inscrire en toutes lettres le nombre de jours et la date.

(2) Porter les nom, prénoms, grade ou emploi de l'officier.

(3) Spécifier si c'est avec solde de présence ou avec solde d'absence.

(4) Porter la localité où l'officier doit se rendre immédiatement, en indiquant, à la suite, le département.

(5) Désigner l'autorité.

NOTA. — Le séjour à l'hôpital au cours d'un congé ou d'une permission compte dans la durée du titre d'absence. L'intéressé doit donc, à l'expiration de son congé ou de sa permission, rejoindre son corps ou service, à moins qu'il n'obtienne un nouveau titre d'absence que l'autorité militaire demeure libre d'accorder ou de refuser suivant les circonstances et les nécessités du service.

Vu et inscrit au contrôle :

Le Major,

N° d'inscription au registre spécial :

Corps
ou
service }

Annexe A du Règlement du service dans l'armée.

OFFICIER

(1)   de (1)

Valable du   au   inclus.

Accordé au (2)
avec solde de (3)
pour se rendre à (4)
M.

devra, dès son arrivée dans le lieu où il se rend, faire connaître son adresse et le temps présumé de son séjour : 1° au général commandant la place de Paris, s'il doit résider à Paris ou dans le département de la Seine; 2° au commandant d'armes, dans toute autre ville de garnison; 3° à l'officier commandant la gendarmerie de l'arrondissement, s'il n'y a pas de garnison dans le lieu où il doit jouir de sa permission.

Si, pendant le cours de son absence, il vient à changer de résidence, il est tenu aux mêmes formalités. Il doit, en outre, en informer par écrit son chef de corps ou de service.

Il est tenu, enfin, de porter *lui-même* au verso du présent titre les indications relatives à son changement de résidence.

Il ne pourra se dispenser d'exhiber le présent titre sur la réquisition qui lui en sera faite par la gendarmerie, ou, s'il voyage en tenue bourgeoise, par les agents des chemins de fer, s'il ne peut montrer sa carte d'identité réglementaire.

Les officiers autorisés à voyager à l'étranger et qui séjourneront dans la résidence d'un attaché militaire, devront se présenter à ce dernier après leur visite au représentant de la France.

En cas de mobilisation, le porteur du présent titre devra se mettre immédiatement en route pour rejoindre son corps ou son service sans attendre aucune notification individuelle, à moins qu'il ne soit en congé de convalescence.

A   , le   192 .

Le (5)

Instructions pour les voyages hors de France.

Instructions pour les voyages hors de France.

Le porteur du présent titre ne devra pas revêtir son uniforme à l'étranger, à moins d'une autorisation spéciale du Ministre de la guerre (dans le cas de mission régulière ou pour assister soit à des manœuvres, soit à des cérémonies officielles) ou du représentant diplomatique ou consulaire de la France auprès du Gouvernement du pays où il se rend, dans tous les autres cas.

Les officiers qui se rendent à l'étranger dans un but d'instruction ou pour tout autre motif et qui doivent séjourner dans la résidence d'un représentant de la France (ambassadeur, ministre plénipotentiaire, chargé d'affaires, consul ou vice-consul) sont tenus de se présenter, aussitôt après leur arrivée, à ce représentant de la France, qui pourra leur donner d'utiles renseignements et qui, *seul*, doit leur servir d'intermédiaire pour obtenir, s'ils le désirent, soit des audiences du souverain ou du chef de l'Etat, des membres du gouvernement ou des autorités civiles ou militaires, soit l'autorisation de visiter des établissements militaires.

Lorsqu'ils séjourneront dans la résidence d'un attaché militaire, ils devront se présenter à cet officier après leur visite au représentant de la France.

Il leur est formellement interdit de pénétrer dans une zone où s'effectueraient des manœuvres, sans en avoir obtenu la permission de l'autorité locale par l'entremise des agents diplomatiques ou consulaires français.

A leur retour en France, les officiers qui auront voyagé à l'étranger devront adresser au Ministre, par la voie hiérarchique, sous le timbre de l'Etat-Major de l'armée (2ᵉ Bureau), une note détaillant l'itinéraire qu'ils auront parcouru, ainsi que l'énumération des localités où ils auront séjourné, avec les dates de ces séjours. Ceux d'entre eux qui auraient sollicité l'autorisation de visiter un établissement ou une caserne, ou d'assister à certains exercices militaires, devront le spécifier dans leur compte rendu.

Indication des changements successifs de résidence de l'officier pendant la durée de sa permission ou de son congé (1).

NOMS DES LOCALITÉS.	DATE DE L'ARRIVÉE	DATE DU DÉPART.	OBSERVATIONS.

(1) Ces indications sont portées par le titulaire de la permission ou du congé et lui servent, au besoin, de titres pour réclamer le bénéfice du tarif militaire sur les chemins de fer.

MODÈLE N° 2.

Annexe A du Règlement
du service dans l'armée.

• CORPS D'ARMÉE

ou

GOUVERNEMENT MILITAIRE

de

• DIVISION

Corps
ou
service

Unité

(1) Permission, congé ou prolongation; en indiquer la nature et inscrire en toutes lettres le nombre de jours.

(2) Porter les grades ou emploi, nom et prénoms. S'il s'agit d'un militaire rengagé ou commissionné, spécifier s'il a droit à la solde de présence ou d'absence, etc..., etc...

(3) Désigner nominativement l'autorité.

Numéro d'inscription au répertoire spécial :

Le Major,

Visa du médecin constatant que le titulaire n'est atteint d'aucune maladie contagieuse.

SOUS-OFFICIER,
CAPORAL OU BRIGADIER OU SOLDAT

(1)   de

valable

du   au   inclus

accordée au (2)

pour aller à

A   , le   192 .

Le (3)

NOTA. — Le séjour à l'hôpital au cours d'un congé ou d'une permission compte dans la durée du titre d'absence. L'intéressé doit donc, à l'expiration de son congé ou de sa permission, rejoindre son corps ou service à moins qu'il n'obtienne un nouveau titre d'absence que l'autorité militaire demeure libre d'accorder ou de refuser, suivant les circonstances et les nécessités du service.

Le porteur devra, à son arrivée dans le lieu où il se rend, faire viser le présent titre et faire connaître son adresse : 1° au général commandant la place de Paris, s'il doit résider à Paris; 2° au commandant d'armes, dans toute autre ville de garnison; 3° au commandant de la brigade de gendarmerie dont dépend sa résidence, s'il n'y a pas de garnison au lieu où il doit jouir de son congé ou de sa permission.

Ce visa n'est pas exigé sur les titres de permission dont la durée ne dépasse pas huit jours.

En cas de mobilisation, le porteur du présent titre devra se mettre immédiatement en route, sans attendre aucune notification individuelle, et rejoindre son corps. Il sera transporté gratuitement à destination par les voies ferrées sur le vu du présent titre.

Les militaires en congé de convalescence ne sont tenus de rejoindre qu'à l'expiration de ce congé.

VISAS D'ARRIVÉE

TABLE DES MATIÈRES.

Iʳᵉ PARTIE.

DISCIPLINE GÉNÉRALE.

TITRE I.

Principes généraux.

Articles.   Pages.
1. Bases de la discipline..   5
2. Règles générales de la subordination.............................   6
3. Méthode de commandement et action personnelle du chef dans
     l'éducation morale...   8
4. Attributions d'ensemble des officiers généraux.................. 10

TITRE II.

Cérémonial militaire. — Manifestations extérieures de la discipline.

CHAPITRE Iᵉʳ.

CÉRÉMONIAL MILITAIRE.

5. But... 10
6. Présentation au drapeau (ou à l'étendard)........................ 11
7. Réception des officiers devant leur troupe....................... 11
8. Visites à l'intérieur d'un corps (ou d'un service)............... 12
9. Réception des militaires décorés de la Légion d'honneur.......... 12
10. Réception des militaires décorés de la médaille militaire....... 13
11. Remise de médailles et de récompenses diverses................. 13
12. Inscriptions aux ordres... 14
13. Revues et inspections... 14

CHAPITRE II.

RÈGLES INDIVIDUELLES CONCERNANT LA CONDUITE, LA TENUE ET LES MARQUES EXTÉRIEURES DE RESPECT.

14. Considérations générales.. 15
15. Devoirs des militaires envers le drapeau. — Salut aux drapeaux
      et aux étendards.. 16
16. Devoirs des militaires envers leurs chefs....................... 16
17. Marques extérieures de respect.................................. 16
18. Salut... 17

Articles.   Pages.

19. Manière de se présenter à un supérieur. — Appellations..........   19
20. Visite des officiers dans les locaux occupés par la troupe........   20
21. Correspondance militaire.   21
22. Devoirs des militaires envers eux-mêmes et leurs camarades..   21
23. Dignité professionnelle et esprit de corps.....................   22
24. Attitude des militaires à l'extérieur............................   22
25. Règles relatives au port des différentes tenues................   23
26. Port des décorations...   26
27. Devoir des militaires envers les autorités civiles en uniforme..   27
28. Droit de publier des écrits pour les militaires et de faire des
        conférences publiques.   27

TITRE III.

Sanctions.

29. But.   29

CHAPITRE I".

RÉCOMPENSES.

30. Nature des récompenses....................................   29
31. Félicitations et citations à l'ordre...........................   29
32. Permissions faisant mutation et prolongations..................   30
33. Permissions dans la journée et après l'appel du soir...........   30
34. Nomination des soldats à la 1" classe.......................   32
35. Avancement.   32
36. Certificat de bonne conduite...............................   32

CHAPITRE II.

PUNITIONS.

37. Classification des fautes...................................   33
38. Droit de punir et exercice de ce droit.......................   34
39. Détermination des punitions................................   35
40. Modifications et suspension des punitions. — Sursis...........   36
41. Punitions des hommes de troupe et des sous-officiers.........   36
42. Mode d'exécution des punitions de consigne, salle de police,
        prison régimentaire et cellule...........................   38
43. Avertissements, réprimande du colonel. — Arrêts.............   39
44. Punitions des militaires en permission ou en congé.......   40
45. Tableau des punitions se décomptant par jours (sous-officiers et
        homme de troupe).....................................   40
46. Sanctions particulières concernant les militaires non officiers....   42
47. Renvoi à la 2° classe   43
48. Envoi aux sections spéciales.............................   43
49. Rétrogradation, cassation, révocation, admission d'office à la
        retraite proportionnelle.   43
50. Remise volontaire des grades............................   45
51. Inscription et enregistrement des punitions.................   45

Articles.		Pages.
52.	Punitions des officiers. — Nature, notification et exécution des punitions.	46
53.	Durée des punitions	47
54.	Réprimande des généraux et blâme du Ministre	48
55.	Compte rendu des punitions infligées aux officiers	48
56.	Communication préalable à certaines sanctions disciplinaires.	49
57.	Réclamations.	50
58.	Organisations et souscriptions interdites	50

TITRE IV.

59.	Dispositions spéciales aux troupes coloniales	51
60.	Abrogation des règlements antérieurs	51

TABLES.

TABLE CHRONOLOGIQUE

Pages.

1924. 30 mai. Décret portant règlement sur le service dans l'armée (discipline générale). 3

1924. 30 mai. Annexe A faisant suite à l'article 32 de la 1ʳᵉ partie du règlement du service dans l'armée. 62

1924. 22 sept. Feuille de renseignements pour l'application de l'article 45 du décret du 30 mai 1924, portant règlement du service dans l'armée. 41

1924. 8 oct. Feuille de renseignements relative à l'application aux gradés indigènes nord-africains rengagés de l'article 49 du décret du 30 mai 1924, portant règlement du service dans l'armée. 45

1925. 3 janv. Décret abrogeant et remplaçant l'article 56 du décret du 30 mai 1924, portant règlement sur le service dans l'armée. 49

1925. 6 mai. Circulaire relative au remplacement des cartes d'identité d'hommes de troupe perdues, et à la destination à donner à ces cartes au moment de la libération. 23

1925. 5 juin. Décret modifiant l'article 42 du décret du 30 mai 1924, portant règlement sur le service dans l'armée. . . . 39

1925. 28 août. Décret modifiant les articles 36, 41, 51 et 52 du décret du 30 mai 1924, portant règlement du service dans l'armée (discipline générale). . . . 32, 36, 46 et 47

1925. 26 déc. Décret modifiant l'article 24 du décret du 30 mai 1924 sur le service dans l'armée. 23

1926. 13 janv. Modifications à la circulaire du 6 mai 1925 (B. O., p. 1231), relative au remplacement des cartes d'identité d'hommes de troupe perdues et à la destination à donner à ces cartes au moment de la libération. 23

1926. 25 mars. Décret modifiant l'article 40 du décret du 30 mai 1924 sur le service dans l'armée. 36

1926. 14 avril. Décret modifiant l'article 2 du décret du 30 mai 1924 sur le service dans l'armée. 8

1926. 28 août. Décret modifiant l'article 42 du décret du 30 mai 1924 sur le service dans l'armée. 38

TABLE ALPHABÉTIQUE

A.

Pages.

Abandon du grade. (Voir : *Remise volontaire des grades.*)

Appellations des officiers et assimilés, des gradés et des hommes de troupe. 19,   20

Armées étrangères. — Echange du salut avec les militaires des. (Voir : *Salut.*)

Arrêts des officiers. 47,   48

Arrêts des sous-officiers.   39

Attitude à l'extérieur.   22

Attitude du salut. (Voir : *Salut.*)

Avancement des hommes de troupe. (Voir : *Nominations aux grades inférieurs.*)

Avertissements aux hommes de troupe. — Forme à observer pour les.   39

Avertissements aux officiers. — Forme à observer pour les   47

B.

Blâme du Ministre infligé aux officiers   48

Bordereaux d'envoi. — Modèle   56

Bulletin de correspondance. — Modèle . . . . , ...   54

C.

Cassation.   43

Cellule de punitions. (Voir : *Punitions.*)

Cérémonial militaire.   10

Certificat de bonne conduite :
    Délivrance.   32
    Modèle.   58

Changements de corps ou de résidence par mesure disciplinaire :
    Des militaires non officiers   42
    Des officiers.   47

Citations à l'ordre.   29

Commandement. — Méthode de   8

Communication des dossiers aux officiers, sous-officiers et hommes de troupe susceptibles d'encourir des sanctions disciplinaires   49

Pages.

Comptes rendus de punitions infligées aux officiers :
    Dispositions y relatives. 48
    Modèle. 61
Conduite individuelle. — Règles de............................ 15
Conférences publiques. — Autorisation aux militaires de faire des... 28
Consigne. (Voir : *Punitions.*)
Correspondance militaire :
    Dispositions y relatives............................. 21
    Modèles. . . .. 53 à 56

D.

Décorations :
    Port des. 26
    Remise des. 12, 13
Démission des militaires commissionnés...................... 45
Devoirs des militaires :
    Envers eux-mêmes et envers leurs camarades.............. 21
    Envers leurs chefs. 16
Dignité professionnelle des militaires........................ 22
Discipline :
    Actes considérés comme fautes contre la.................. 33
    Bases de la. 5
    Manifestations extérieures de la.................. 10, 15
Dossiers. — Communication des. (Voir à ce titre.)
Drapeaux et étendards. — Salut aux.......................... 16
Droit d'écrire. (Voir : *Publications.*)
Droit de punir et exercice de ce droit........................ 34

E.

Éducation morale du soldat. — Action personnelle du chef dans l'... 8
Esprit de corps des militaires.............................. 22
Étendards. (Voir : *Drapeaux et étendards.*)
Extrait de livret individuel :
    Dispositions y relatives. 23
    Modèle. 57

F.

Fautes contre la discipline. — Classification.................. 33
Félicitations. 29
Feuillet individuel de punitions. (Voir : *Punitions : inscription et enregistrement.*)

G.

Généraux. (Voir : *Officiers généraux.*)

H.

Hiérarchie militaire. (Voir : *Subordination.*)   Pages.

I.

Infractions à la discipline. (Voir : *Fautes.*)
Insignes de décorations. (Voir : *Décorations.*)
Interdictions diverses aux militaires 22, **23,**   50

L.

Légion d'honneur. (Voir aussi : *Décorations.*)
    Droit au salut des militaires décorés de la **19**
    Réception des militaires décorés de la **12**
Livret matricule. — Inscription des punitions. (Voir : *Punitions.*)

M.

Maintien des militaires sous les drapeaux par suite de punitions **42**
Manière de se présenter à un supérieur **19**
Manifestations extérieures de la discipline 10, **15**
Marques extérieures de respect **16**
Médaille militaire. (Voir aussi : *Décorations.*)
    Droit au salut des militaires décorés de la **19**
    Réception des militaires décorés de la **13**
Médailles. — Remise des **13**

N.

Nominations aux grades inférieurs **32**
Non-activité. **47**

O.

Officiers de réserve. — Droit d'écrire. (Voir : *Publications.*)
Officiers des armées étrangères. — Droit au salut. (Voir : *Salut.*)
Officiers généraux. — Attributions d'ensemble des **9**
Ordres. — Inscriptions aux **14**
Organisations. — Interdiction aux militaires de créer des **50**

P.

Pensions proportionnelles. — Admission d'office **43**
Permissions :
    Dans la journée et après l'appel du soir 30, **31**
    De plus de vingt-quatre heures. — Prolongations **30**
    Des réservistes. 30, **31**

Pages.

Port de l'uniforme :
    A l'étranger... 25
    Interdiction aux officiers démissionnaires et aux officiers réformés par mesure disciplinaire ou destitués.. 26
    Par les officiers de réserve................................. 25

Port des décorations. (Voir : *Décorations.*)

Présentation au drapeau ou à l'étendard............................ 11

Prison régimentaire. (Voir : *Punitions.*)

Prolongations de permission. (Voir : *Permissions.*)

Publications. — Conditions dans lesquelles les officiers et hommes de troupe peuvent publier des écrits................................. 27

Punitions. .... 33 à 50
    Des hommes de troupe et des sous-officiers. — Enumération. 36
    Des militaires en permission ou en congé.................. 40
    Détermination des. 35
    Inscription et enregistrement des..................... 45
    Mode d'exécution des punitions de consigne, de salle de police, prison régimentaire, cellule.................... 37
    Modèle du registre des......................... 59, 60
    Modifications et suspensions des..................... 36
    Sursis. 56
    Tableau des punitions se décomptant par jours......... 40 à 42

Punitions des officiers. .... 46 à 48

R.

Réception des officiers devant leur troupe...................... 11

Réclamations. — Contre les punitions ou mesures disciplinaires..... 49

Récompenses :
    Nature des. 29
    Remise des récompenses obtenues à la suite de concours.... 14

Réforme des officiers. 47

Registre des punitions : (Voir : *Punitions.*)

Remise volontaire des grades.......................... 45

Renvoi des soldats de 1re classe à la 2e..................... 43

Réprimande des généraux. — Forme de la................. 49

Réprimande du colonel. — Forme de la................... 39

Retraite proportionnelle. (Voir : *Pensions proportionnelles.*)

Rétrogradation. 43

Rétrogradation volontaire. (Voir : *Remise volontaire des grades.*)

Révocation. 43

Revues et inspections des officiers généraux................. 14

S.

Salle de police. (Voir : *Punitions.*)

Salut :

Pages.

Aux autorités civiles en uniforme...................... 27
Aux drapeaux et étendards. (Voir : *Drapeaux et étendards.*)
Droit au. 19
Formes du. 17, 18

Sanctions. 29

Sections spéciales. — Envoi aux...................... 43

Service dans l'armée :

Règlement sur le. 5
(Voir la table détaillée des matières)................ 74

Soldats de 1re classe :

Nomination. 32
Renvoi à la 2e classe.......................... 43

Souscriptions. — Interdition aux militaires.......... 50

Subordination. — Règles de la...................... 6

Sursis à l'exécution des punitions.................. 36

Suspensions des punitions. (Voir : *Punitions.*)

T.

Tenue civile. — Autorisation de porter la........ 24, 25

Tenues. — Port des différentes tenues............ 23 à 26

Troupes coloniales. — Application du règlement sur le service dans l'armée aux. 51

V.

Visite des officiers dans les locaux occupés par la troupe.... 20
Visites à l'intérieur d'un corps ou d'un service........... 11

Librairie & Imprimerie militaires CHARLES-LAVAUZELLE & Cie

PARIS — LIMOGES — NANCY

Vol. 2. Masse des dépenses diverses. Arrêté au 15 octobre 1925. 50 pages. **2 50**

Vol. 3. Service de l'habillement. Masse. Mis à jour au 18 mai 1924. 326 pages. **7 50**

Vol. 3 bis. Service de l'habillement. Masse. Barème de la richesse théorique. Mis à jour au 11 juin 1923. 88 pages................. **4 »**

Vol. 4. Service de l'habillement dans les corps de troupe. Dispositions diverses. Mis à jour au 29 octobre 1923. 284 pages...... **6 »**

Vol. 4 bis. Tarif des confections, retouches et réparations des effets du service de l'habillement. Mis à jour au 11 juin 1923. 138 p. **3 75**

Vol. 5. Décret du 8 février 1907 portant règlement sur le service du chauffage et de l'éclairage dans les corps de troupe. Masse. Mis à jour au 1er octobre 1923. 484 pages..................... **9 »**

Vol. 5 bis. Service du chauffage et de l'éclairage dans les corps de troupe. Marchés. Arrêté au 23 octobre 1924. 48 pages.......... **2 »**

Vol. 5 ter. Service du chauffage et de l'éclairage dans les corps de troupe à la mobilisation et en temps de guerre. Mis à jour au 15 avril 1922. 80 pages.................................. **2 50**

Vol. 6. Service du harnachement et du ferrage. Masse. Mis à jour au 27 août 1923. 136 pages.................................. **3 75**

Vol. 6 bis. Service du harnachement et du ferrage. Dispositions diverses (communes aux corps et établissements de toutes armes et de tous services). Mis à jour au 1er février 1926. 134 pages.... **5 »**

Vol. 7. Règlement du 22 avril 1905 sur la gestion des ordinaires de la troupe. Mis à jour au 7 juillet 1924. 314 pages.............. **6 »**

Vol. 7 bis. Ordinaires. — Livre de cuisine militaire en garnison et instruction sur les moyens de donner à l'alimentation dans l'armée un caractère rationnel. Volume arrêté au 1er août 1926........ **4 »**

Vol. 9. Couchage et ameublement. Arrêté au 1er août 1925. 368 p. **7 »**

Vol. 15. Tarif des réparations aux armes portatives. Arrêté au 1er juillet 1926. 302 pages..................................... **7 50**

Vol. 19. Instruction sur le service de l'armement, approuvée le 11 juillet 1913. — Ire partie : Dispositions réglementaires en temps de paix. — IIe partie : Dispositions réglementaires en temps de guerre. Mis à jour au 7 juin 1926. 374 pages..................... **7 50**

Capitaine STUDER. — Guide administratif à l'usage des commandants d'unités, de détachements et des sous-officiers comptables des corps de toutes armes. In-8° de 426 pages (1926)........... **12 »**

Vol. 51. Règlement sur le service du casernement. Décret du 3 mars 1899. Mis à jour au 7 juin 1926. 208 pages.................... **7 »**

Vol. 51 bis. Instruction technique sur l'exécution des travaux de réparation et d'entretien du casernement par les corps occupants (article 116 du règlement sur le service du casernement du 3 mars 1899). Mis à jour au 10 janvier 1925. 136 pages.................... **4 »**

MAJORATION EN SUS 20 P. 100.

BIBLIOTHEQUE NATIONALE DE FRANCE

3 7502 01837805 1

www.ingramcontent.com/pod-product-compliance
Ingram Content Group UK Ltd.
Pitfield, Milton Keynes, MK11 3LW, UK
UKHW022330070726
13614UKWH00003B/1018

9 782329 086033